"十四五"时期
国家重点出版物
出版专项规划项目

公园城市

建设中的公园品质提升

新时代公园城市建设探索与实践系列丛书

贾　虎
刘　颂

主编

中国城市出版社

新时代公园城市建设探索与实践系列丛书编委会

顾问专家：仇保兴　国际欧亚科学院院士、
　　　　　　　　　　住房和城乡建设部原副部长
　　　　　　李如生　住房和城乡建设部总工程师、
　　　　　　　　　　中国风景园林学会理事长
　　　　　　吴志强　中国工程院院士、同济大学原副校长
　　　　　　潘家华　中国社会科学院学部委员
　　　　　　周宏春　国务院发展研究中心研究员
　　　　　　李　雄　北京林业大学副校长、教授

主　　　任：王香春　贾建中　刘佳福　赵文斌

副　主　任：李炜民　胡慧建　韩丽莉　谢晓英　王忠杰
　　　　　　张亚红　贾　虎　陈明坤　秦　飞　成玉宁
　　　　　　田永英　蔡文婷　张宝鑫　戚智勇　方小山
　　　　　　孙　莉　王　斌　刘　颂　毕庆泗　王磐岩
　　　　　　付彦荣　张　琰　李　光　杨　龙　孙艳芝

编　　　委（按照姓氏笔画排序）：
　　　　　　丁　鸽　王　钰　王月宾　王文奎　王伟军
　　　　　　王向荣　王志强　王秋娟　王瑞琦　王嗣禹
　　　　　　方　岩　石春力　石继渝　冯永军　刘艳梅
　　　　　　刘晓明　祁有祥　许自力　阮　琳　李方正
　　　　　　李延明　李旭冉　李俊霞　杨念东　杨振华

　　　　　　　吴　杰　吴　剑　吴克军　吴锦华　言　华
　　　　　　　张清彦　陈　艳　林志斌　欧阳底梅　周建华
　　　　　　　赵御龙　饶　毅　袁　琳　袁旸洋　徐　剑
　　　　　　　郭建梅　梁健超　董　彬　蒋凌燕　韩　笑
　　　　　　　傅　晗　强　健　瞿　志
组织编写单位：中国城市建设研究院有限公司
　　　　　　　　中国风景园林学会
　　　　　　　　中国公园协会

本书编委会

主　　编： 贾　虎　刘　颂
副 主 编： 王香春
参编人员： 吴　瑾　刘　宏　张浩鹏　沈培宇　蒋　理　杨　莹
　　　　　　蒋凌燕　陈　辉　董　亮　宫明军　张廷华
支持单位： 上海市绿化和市容管理局
　　　　　　北京市园林绿化局
　　　　　　成都市公园城市建设管理局
　　　　　　广州市林业和园林局
　　　　　　深圳市公园管理中心
　　　　　　武汉市园林和林业局
　　　　　　扬州市住房和城乡建设局
　　　　　　厦门市市政园林局
　　　　　　广西壮族自治区住房和城乡建设厅城市规划园林处
　　　　　　昆山市住房和城乡建设局
　　　　　　太原市公园服务中心
　　　　　　天津市城市园林绿化服务中心
　　　　　　南宁市市政和园林局
　　　　　　柳州市林业和园林局
　　　　　　上海市公园协会
　　　　　　上海市园林科学规划研究院

丛书序

2018年2月，习近平总书记视察天府新区时强调"要突出公园城市特点，把生态价值考虑进去"；2020年1月，习近平总书记主持召开中央财经委员会第六次会议，对推动成渝地区双城经济圈建设作出重大战略部署，明确提出"建设践行新发展理念的公园城市"；2022年1月，国务院批复同意成都建设践行新发展理念的公园城市示范区；2022年3月，国家发展和改革委员会、自然资源部、住房和城乡建设部发布《成都建设践行新发展理念的公园城市示范区总体方案》。

"公园城市"实际上是一个广义的城市空间新概念，是缩小了的山水自然与城市、人的有机融合与和谐共生，它包含了多个一级学科的知识和多空间尺度多专业领域的规划建设与治理经验。涉及的学科包括城乡规划、建筑学、园林学、生态学、农业学、经济学、社会学、心理学等等，这些学科的知识交织汇聚在城市公园之内，交汇在城市与公园的互相融合渗透的生命共同体内。"公园城市"的内涵是什么？可概括为人居、低碳、人文。从本质而言，公园城市是城市发展的终极目标，整个城市就是一个大公园。因此，公园城市的内涵也就是园林的内涵。"公园城市"理念是中华民族为世界提供的城市发展中国范式，这其中包含了"师法自然、天人合一"的中国园林哲学思想。对市民群众而言园林是"看得见山，望得见水，记得起乡愁"的一种空间载体，只有这么去理解园林、去理解公园城市，才能规划设计建设好"公园城市"。

有古籍记载说"园莫大于天地"，就是说园林是天地的缩小版；"画莫好于造物"，画家的绘画技能再好，也只是拷贝了自然和山水之美，只有敬畏自然，才能与自然和谐相处。"公园城市"就是要用中国人的智慧处理好人类与大自然、人与城市以及蓝（水体）绿（公园等绿色空间）灰（建筑、道路、桥梁等硬质设施）之间的关系，最终实现"人（人类）、城（城市）、园（大自然）"三元互动平衡、"蓝绿灰"阴阳互补、刚柔并济、和谐共生，实现山、水、林、田、湖、草、沙、居生命共同体世世代代、永续发展。

"公园城市"理念提出之后，各地积极响应，成都、咸宁等城市先行开展公园城市建设实践探索，四川、湖北、广西、上海、深圳、青岛等诸多省、区、市将公园城市建设纳入"十四五"战略规划统筹考虑，并开展公园城市总体规划、公园体系专项规划、"十五分钟"生活服务圈等顶层设计和试点建设部署。不少专家学者、科研院所以及学术团体都积极开展公园城市理论、标准、技术等方面的探索研究，可谓百花齐放、百家争鸣。

"新时代公园城市建设探索与实践系列丛书"以理论研究与实践案例相结合的形式阐述公园城市建设的理念逻辑、基本原则、主要内容以及实施路径，以理论为基础，以标准为行动指引，以各相关领域专业技术研发与实践应用为落地支撑，以典型案例剖析为示范展示，形成了"理论＋标准＋技术＋实践"的完整体系，可引导公园城市的规划者、建设者、管理者贯彻落实生态文明理念，切实践行以人为本、绿色发展、绿色生活，量力而行、久久为功，切实打造"人、城、园（大自然）"和谐共生的美好家园。

人民城市人民建，人民城市为人民。愿我们每个人都能理解、践行公园城市理念，积极参与公园城市规划、建设、治理方方面面，共同努力建设人与自然和谐共生的美丽城市。

国际欧亚科学院院士
住房和城乡建设部原副部长

丛书前言

习近平总书记2018年在视察成都天府新区时提出"公园城市"理念。为深入贯彻国家生态文明发展战略和新发展理念，落实习近平总书记公园城市理念，成都市率先示范，湖北咸宁、江苏扬州等城市都在积极探索，湖北、广西、上海、深圳、青岛等省、区、市都在积极探索，并将公园城市建设作为推动城市高质量发展的重要抓手。"公园城市"作为新事物和行业热点，虽然与"生态园林城市""绿色城市"等有共同之处，但又存在本质不同。如何正确把握习近平总书记所提"公园城市"理念的核心内涵、公园城市的本质特征，如何细化和分解公园城市建设的重点内容，如何因地制宜地规范有序推进公园城市建设等，是各地城市推动公园城市建设首先关心、也是特别关注的。为此，中国城市建设研究院有限公司作为"城乡生态文明建设综合服务商"，由其城乡生态文明研究院王香春院长牵头的团队率先联合北京林业大学、中国城市规划设计研究院、四川省城乡建设研究院、成都市公园城市建设发展研究院、咸宁市国土空间规划研究院等单位，开展了习近平生态文明思想及其发展演变、公园城市指标体系的国际经验与趋势、国内城市公园城市建设实践探索、公园城市建设实施路径等系列专题研究，并编制发布了全国首部公园城市相关地方标准《公园城市建设指南》DB42/T 1520—2019 和首部团体标准《公园城市评价标准》T/CHSLA 50008—2021，创造提出了"人－城－园"三元互动平衡理论，明确了公园城市的四大突出特征：美丽的公园形态与空间格局；"公"字当先，公共资源、公共服务、公共福利全民均衡共享；人与自然、社会和谐共生共荣；以居民满足感和幸福感提升为使命方向，着力提供安全舒适、健康便利的绿色公共服务。

在此基础上，中国城市建设研究院有限公司联合中国风景园林学会、中国公园协会共同组织、率先发起"新时代公园城市建设探索与实践系列丛书"（以下简称"丛书"）的编写工作，并邀请住房和城乡建设部科技与产业化发展中心（住房和城乡建设部住宅产业化促进中心）、中国城市规划设计研究院、中国城市出版社、北京市公园管理中心、上海市公园管理中心、东南大学、成都市公园城市建设发展研究院、北京市园林绿化科学研究院等多家单位以及权威专家组成丛书编写工作组共同编写。

这套丛书以生态文明思想为指导，践行习近平总书记"公园城市"理念，响应国家战略，瞄准人民需求，强化专业协同，以指导各地公园城市建设实践干什么、怎么干、如何干得好为编制初衷，力争"既能让市长、县长、局长看得懂，也能让队长、班长、组长知道怎么干"，着力突出可读性、实用性和前瞻指引性，重点回答了公园城市"是什么"、要建成公园城市需要"做什么"和"怎么做"等问题。目前本丛书已入选国家新闻出版署"十四五"时期国家重点出版物出版专项规划项目。

丛书编写作为央企领衔、国家级风景园林行业学协会通力协作的自发性公益行为，得到了相关主管部门、各级风景园林行业学协会及其成员单位、各地公园城市建设相关领域专家学者的大力支持与积极参与，汇聚了各地先行先试取得的成功实践经验、专家们多年实践积累的经验和全球视野的学习分享，为国内的城市建设管理者们提供了公园城市建设智库，以期让城市决策者、城市规划建设者、城市开发运营商等能够从中得到可借鉴、能落地的经验，推动和呼吁政府、社会、企业和老百姓对公园城市理念的认可和建设的参与，切实指导各地因地制宜、循序渐进开展公园城市建设实践，满足人民对美好生活和优美生态环境日益增长的需求。

丛书首批发布共 14 本，历时 3 年精心编写完成，以理论为基础，以标准为纲领，以各领域相关专业技术研究为支撑，以实践案例为鲜活说明。围绕生态环境优美、人居环境美好、城市绿色发展等公园城市重点建设目标与内容，以通俗、生动、形象的语言介绍公园城市建设的实施路径与优秀经验，具有典型性、示范性和实践操作指引性。丛书已完成的分册包括《公园城市理论研究》《公园城市建设标准研究》《公园城市建设中的公园体系规划与建设》《公园城市建设中的公园文化演替》《公园城市建设中的公园品质提升》《公园城市建设中的公园精细化管理》《公园城市导向下的绿色空间竖向拓展》《公园城市导向下的绿道规划与建设》《公园城市导向下的海绵城市规划设计与实践》《公园城市指引的多要素协同城市生态修复》《公园城市导向下的采煤沉陷区生态修复》《公园城市导向下的城市采石宕口生态修复》《公园城市建设中的动物多样性保护与恢复提升》和《公园城市建设实践探索——以成都市为例》。

丛书将秉承开放性原则，随着公园城市探索与各地建设实践的不断深入，将围绕社会和谐共治、城市绿色发展、城市特色鲜明、城市安全韧性等公园城市建设内容不断丰富其内容，因此诚挚欢迎更多的专家学者、实践探索者加入到丛书编写行列中来，众智众力助推各地打造"人、城、园"和谐共融、天蓝地绿水清的美丽家园，实现高质量发展。

前　言

公园城市：让城市处处有公园

公园城市是新时代城市发展的高级形态

公园城市指将城市生态、生活和生产空间与公园形态有机融合，充分体现城市空间的生态价值、生活价值、美学价值、文化价值、发展价值和社会价值，全面实现宜居、宜学、宜养、宜业、宜游的新型城市。

在中国社会主义进入新时代的重要历史时期，我国城市生态和人居环境面临着新的形势和全新挑战。2018年春节前夕，习近平总书记在成都市天府新区视察时作出了"突出公园城市特点，把生态价值考虑进去"的重要指示。此后，习近平总书记参加首都义务植树活动时，再次强调绿化祖国要坚持以人民为中心的发展思想，提出"一个城市的预期就是整个城市就是一个大公园，老百姓走出来就像在自己家里的花园一样"。公园城市是回应新时代人居环境需求、塑造城市竞争优势的重要实践模式，体现了绿水青山的生态价值、诗意栖居的美学价值、文化景观的人文价值、绿色低碳的经济价值、简约健康的生活价值以及美好生活的社会价值。

公园城市不是过去意义上的城市公园，也不是单纯意义上的"公园+城市"。它是在城市公园的基础上，打破过去城市公园各自独立策划的"孤岛"模式，从整个城市的科技发展、经济运行、文化创新、旅游线路，以及城市建筑、城市生态、城市品牌、城市形象、城市文化、城市传播等的长远发展出发，根据市民宜居的生活、精神、审美、艺术需求来进行全面系统的规划、设计和建设。在功能上公园城市将超越过去森林城市、绿色城市的单项选择，而具有全方位的融合特征。

其一，公园城市建设是景观与生态的高度融合。公园城市建设既要景观的"高颜值"，又要生态的高品质。建设公园城市的过程关键是引导城市发展顺应自然、保护自然，在城市建设中更加注重保护山、水、林、田、湖、草的生态价值。要以自然为美，要重视和强化城市内自然生态系统的保护，把好山好水好风光通过优美的公园融入城市。大力开展生态修复，恢复和重建城市自然生态系统的自组织、自调控和自修复能力，以优美品质全面彰显城市公园的生态功能。

其二，公园城市建设是城市与自然的和谐共生。公园城市建设不应拘泥于城市建成区内公园的建设，而应该是城市与周边自然、乡村的美丽同行。公园城市作为新的城市发展模式，在空间上进一步促进城市绿地建设与自然环境、乡村人居环境的融合，构筑城市园林与城郊绿色资源、乡村绿色资源相融合的大地园林系统，努力让美丽城市与美丽乡村交相辉映，实现新时代城乡融合、自然和城市高度和谐统一的空间体系，同时引导其成为优美舒适、健康安全的城乡人居环境。

其三，公园城市建设是国际化与地域化的融会贯通。公园城市建设既需国际视野，更要地方情怀。公园城市是我国城市发展的新模式，一方面应学习借鉴国际现代城市的生态绿色发展经验，引入新理念、新技术；另一方面，更应该在城市绿色发展中体现文化特色、承载文化内涵，以地域情怀来建设城市公园，以人文理念打造公园城市，促使每一座城市都能体现出其独特的文化特征。随着城市化建设的深入开展，在提高居民生活水平的同时，传播城市文化，传承城市文脉，使城市国际标准建设与传统地域文化相互融合。

公园是满足人民对美好生活需求的空间载体

党的十九大报告提到，我国社会的主要矛盾已转化为人民日益增长的美好生活需要和不平衡、不充分的发展之间的矛盾。当前，我国社会总体已进入小康，人民对生活质量的追求不断提升，其中就包括生态环境良好和生命健康。人们开始从"求生存""盼温饱"，过渡到"求生态""盼健康",希望天更蓝、山更绿、水更清、环境更优美。绿色宜居的城市生活环境是人们的迫切期望,满足人民日益增长的美好生活需求的城市绿色发展已经成为新时代生态文明建设的"重头戏"和"风向标"。

公园是最具公共性、开放性的城市优质绿色空间,公园建设体现了生态文明程度和现代化水平,是绿色宜居环境品质和城市高质量发展的关键组成部分。公园建设核心在人,其既是城市环境工程,更是民生幸福工程。坚持"人民城市为人民"的城市建设逻辑,公园建设就不仅仅是优化城市环境,更是要让公众共享美好的环境。从为城市居民服务的角度推进公园建设的开放性、可达性和亲民性,让公园建设从单一功能向复合功能转变,实现生态、景观、游憩、文化、科教、防灾等多种功能的协调发展,切实提高人民的幸福感和获得感。

高品质公园引领城市高质量发展

在公园城市理念引领下,高品质公园建设将契合城市生态建设,保护城市内外的生态资源,实现城市与自然的连通与融合。高强度的城市建设让大城市与外部自然环境彼此分隔。城市公园建设需充分利用城市内部现有的绿地资源,通过水系廊道、绿地廊道、道路绿带等与城市外部自然有机相连,形成"城在绿中、城绿交融"的城市绿地格局,既保证了内外生态能量和物质的流通与交换,也可改善城市生态环境,提高市民生活质量。同时,将维系城市生态安全底线、支撑经济社会可持续发展的,具有重要生态价值的山区、森林、河流湖泊、基本农田等现状生态资源和自然保护区、风景名胜区、水源保护区、重点公益林等法定保护空间划入生态红线区,强化其保护力度,并加以合理利用。

高品质城市公园注重精细化营造,提升人居环境质量。城市公园建设不应单纯追求数量大、形象美。绿地面积总量和绿地率固然重要,但更应该体现绿地的综合效益。以人民为中心的本质内涵应是城市公园建设的"灵魂"，城市公共空间要以为城市居民提供方便、安全、舒适、优美的绿色空间为目标进行建设。把市民公共空间使用的公平性、可达性和参与性作为评价城市建设发展水平的一项重要依据，把市民群众的满意度作为评价城市工作的根本标准，并需要从满足市民需要的角度来谋划安排城市管理工作。充分尊重市民的主体地位，不断健全沟通群众的民意联系机制、服务群众的科学决策机制，以及惠及群众的政策保障机制。不断扩大市民在城市规划、建设和管理中的参与度，让人民共享绿色福利，共建绿色家园。

高品质城市公园引导绿色健康生活。通过推动城市公园建设形成全社会的绿色发展方式和生活方式，是贯彻新发展理念的必然要求，也是建设公园城市工作的根本目标。通过高品质城市公园的建设和经营，倡导居民开展绿色生活行动，推动全民向绿色低碳、文明健康的生活方式转变。大力推广绿色低碳出行，倡导绿色生活和休闲模式。通过经营公园的方式向广大社会居民普及生态理念及绿色科普知识，培养全社会的绿色文化自觉，就是要全社会形成生态文明意识，确立全新的尊重自然、顺应自然和保护自然的生态价值观，培养人民对绿色文化的自信力。

上海市是推进公园城市建设，以高品质公园引领城市高质量发展的积极行动者。为践行习近平总书记提出的"公园城市""人民城市人民建，人民城市为人民"的重要理念，推动建设体现中国特色、时代特征、上海特点的公园城市，助力建设令人向往的创新之城、人文之城和生态之城，进一步提升城市能级和核心竞争力，谱写"城市，让生活更美好"的新篇章，上海市绿化和市容管理局于2021年6月印发了《关于推进上海市公园城市建设的指导意见》。该指导意见提出了公园城市建设的四项基本原则，包括坚持公园姓公，服务人民；坚持三生融合，协同创新；坚持共建共享，社会参与；坚持规划引领，试点先行。通过推动"公园+"与"+公园"建设，以公园为基底注入多元功能，强化公园与城市的全面开放、融合、提质。计划至2025年，使公园与城市更加开放融合，公园城市治理取得突破，生态价值转换效益明显，公园数量从438座增加到1000座以上，森林覆盖率从18.49%提升到19.5%，市域绿道总长度达2000km左右，除动物园、植物园等专类园以及古典园林外的公园原则上全部实现免费开放，新建公共服务设施附属绿地开放度明显提升，创建一批公园城市示范区域。至2035年，公园城市基本建成，城市有机更新，公园最宜休憩，优美环境人人享有，生态价值高效转换，生态效益充分彰显。生态空间占比达到60%以上，森林覆盖率达到23%左右，力争建成2000座公园，市域骨干绿道长度达2000km左右，有条件的新建公共服务设施附属绿地全面开放共享，公园绿地全时段开放率达到50%，市民对城市绿色开放空间的满意度显著提升。具体在公园品质提升上，一是以"+公园"建设全面推动城区、园区、街区、校区、社区、乡村的品质提升。如在城区方面，以公园为基底，构筑开放空间网络，提升城区活力和品质，以高品质公园为引领，强化功能复合，打造宜居宜业环境。二是以"公园+"推动全面功能融合面向所有人群的空间需求，加强公园与体育、文化、旅游等各类功能的有机融合，通过功能的互补与联动整体提升城市品质。如"+体育"带动城市活力，结合公园绿地布局各具特色的市民休闲健身与运动场地、场馆，为市民提供环境优美的健身场所。"+文旅"彰显城市魅力，结合公园绿地、滨江水岸等绿色开放空间布局各类文旅设施，举办草地、森林音乐会等文化活动，营造城市的文化氛围。"+服务配套"提升便民功能，因地制宜推动社区服务设施、商业设施、停车设施等与公园绿地结合，综合提升公园绿地的空间品质与服务水平。"+安全"强化城市韧性，结合各类城乡公园空间因地制宜推进应急避难场所与设施、雨水调蓄设施、人防设施等建设。

目 录

第 1 章　城市公园的功能与品质

1.1　什么是城市公园　　002
1.2　城市公园的发展历程　　002
　　1.2.1　西方城市公园发展脉络　　002
　　1.2.2　我国城市公园发展脉络　　003
1.3　城市公园的功能与特点　　007
　　1.3.1　改善城市生态环境　　007
　　1.3.2　满足居民休闲游憩　　008
　　1.3.3　营造地域景观风貌　　008
　　1.3.4　教育普及文化知识　　009
　　1.3.5　保障城市安全空间　　010
1.4　城市公园的类型　　010
1.5　城市公共空间品质与公园品质　　013
1.6　公园品质提升的内涵　　014
1.7　公园品质提升的必要性　　014
　　1.7.1　完善公园环境设施的迫切要求　　014
　　1.7.2　满足城市居民多样需求的必然途径　　015

第 2 章　公园品质提升的策略与原则

2.1　公园品质的属性　　018
　　2.1.1　场所性　　018
　　2.1.2　历史性　　021
　　2.1.3　公共性　　023
　　2.1.4　生态性　　027

	2.1.5 时代性	030
2.2	公园品质提升的目标与策略	031
	2.2.1 布局景观优化	031
	2.2.2 园容园貌整洁	031
	2.2.3 植物群落优化	032
	2.2.4 基础设施完善	032
	2.2.5 服务功能增强	033
	2.2.6 安全隐患消除	034
2.3	公园品质提升的原则	034
	2.3.1 尊重历史，保护风貌	034
	2.3.2 科学规划，协调统一	035
	2.3.3 生态优先，景观并重	035
	2.3.4 以人为本，服务大众	036
	2.3.5 持续发展，环保节能	036

第3章　公园品质提升的途径

3.1	公园景观品质提升	040
	3.1.1 景观要素	040
	3.1.2 布局优化	049
	3.1.3 基础设施改善	054
3.2	公园功能完善	058
	3.2.1 防灾避险	058
	3.2.2 雨洪管理	059
	3.2.3 文化服务	061
	3.2.4 生物多样性保护	065

3.3	公园管理服务高效精准	067
	3.3.1　信息化、智能化	067
	3.3.2　制度化	069
	3.3.3　安全技防	071

第 4 章　公园品质提升的方法

4.1	城市公园品质提升的设计步骤	078
	4.1.1　场地现状的调查与分析	078
	4.1.2　设计流程	081
	4.1.3　施工	081
4.2	公园绩效评价	083
	4.2.1　公园座谈及专家评价	083
	4.2.2　公众参与的使用后评价	083
4.3	可持续后期运营与维护	100

第 5 章　公园品质提升典型案例集

5.1	综合公园	104
	5.1.1　上海鲁迅公园	104
	5.1.2　深圳四海公园	108
	5.1.3　上海复兴公园	113
	5.1.4　广州越秀公园	116
5.2	专类公园	123
	5.2.1　成都市植物园	123
	5.2.2　上海古猗园	127

		5.2.3 昆山森林公园	132
	5.3	社区公园	134
		5.3.1 天津中心公园	134
		5.3.2 上海莘庄公园	138
		5.3.3 北京人定湖公园	139
	5.4	游园/口袋公园	142
		5.4.1 广州望南公园	142
		5.4.2 上海社区营造花园	144
		5.4.3 上海光音花园	148
	5.5	特色公园	150
		5.5.1 北京海淀公园	150
		5.5.2 扬州宋夹城体育休闲公园	154
		5.5.3 广州石门国家森林公园	158

附录一	上海市公园品质提升暂行规范	164
附录二	上海市智慧公园建设导则（试行）	168
附录三	上海市公园绿地市民健身体育设施设置导则（试行）	178
参考文献		181

第1章

城市公园的功能与品质

1.1 什么是城市公园

《城市绿地分类标准》CJJ/T 85—2017 将公园绿地定义为向公众开放，以游憩为主要功能，兼具生态、景观、文教和应急避险等功能，有一定服务和游憩设施的绿地。具体地，《公园设计规范》GB 51192—2016 中城市公园指向公众开放，以游憩为主要功能，有较完善的设施，兼具生态美化等作用的绿地。

1.2 城市公园的发展历程

1.2.1 西方城市公园发展脉络

城市公园是城市中最重要和最具代表性的绿地，它是随着社会生活的需求而产生、发展和逐步成熟起来的。今天我们通称的"城市公园"这种园林形式，是由古代的城市公共园林逐步演变而成。

在 17 世纪之前，无论中国还是外国都存在着城市公共园林，这些公共园林是城市公园产生的基础。早在公元前 9 世纪到公元前 5 世纪，古希腊人便在体育场周围建设了美丽的园地，并向公众开放。这些向公众开放的、园林化的体育场已具备了现代公园的雏形。古罗马帝国的城市中的广场或墓园允许平民公众进行游憩活动，就具有了一些公共园林的性质。

资本主义社会初期，欧洲国家的一些专属于皇家贵族的城市新园和宫苑定期向公众开放，如英国伦敦的海德公园。在意大利还出现了专门的动物园、植物园、废墟园、雕塑园等。随着 17 世纪资产阶级革命的胜利，在

图 1-1　纽约中央公园

"自由、平等、博爱"的旗帜下，新兴的资产阶级统治者没收了封建领主及皇室的财产，把大大小小的宫苑和新园都向公众开放，并统称为"公园"。

进入 19 世纪大部分皇家猎园已成为公园，由于城市扩大，原有城墙已失去作用，许多城垣遗迹地也被改建为公园。19 世纪 30 年代以后，原有的皇家园林已经不能满足大众游人的需求，于是各城市大量建造新公园。由于城市的扩大，原有城墙、古城等已失去作用，许多城垣遗址也被改建为公园。1843 年，英国利物浦市建造了公众可免费使用的伯肯海德公园，标志着第一个城市公园的诞生。

然而，城市公园的大发展是在 19 世纪中叶的美国，始于美国的纽约中央公园（图 1-1），该公园由美国著名的风景园林师奥姆斯特德规划设计的。该公园采用了回游式环路与起伏路面相结合的园路系统，游人在园内可自由自在地散步、骑马、驾车、游戏，该园建设十分成功，利用率很高。据统计，1871 年的公园游人量达 1000 万人次，平均每天有 3 万人，而当时纽约市的人口尚不足百万。受纽约中央公园的影响，全美掀起了一场城市公园运动，并在世界范围内形成了巨大的影响，从而推动了城市公园的发展。

1.2.2　我国城市公园发展脉络

我国最早的城市公园出现在上海英、美公共租界的黄浦公园。随后，租界又相继建成了虹口游乐园、顾家宅公园等。1906 年，无锡的"锡金公

图 1-2　无锡锡金公园

园"是我国最早开始实践免费对国人开放的近代公园（图 1-2）。辛亥革命以后，相继出现了以广州越秀公园、中央公园、汉口市政府公园、昆明翠湖公园等为代表的城市公园。这些公园的出现标志着我国城市公园的发展与进步。1938 年，国民政府决定将公园、绿地纳入城市建设的范畴，为民众建立休息游乐的场所，并结合保护文物古迹设置公园绿地，建立国家、省、市、县级以及乡村级别的公园。此外，不同的城市背景与地域文化也促成了一些具有地方文化特色的城市公园产生。

中国现代公园的建设主要始于 1949 年以后。1949 年全国城市公园数量仅 112 个，全国城市公园总面积为 2961.45hm^2。1949 年，上海市仅有 14 个公园，面积 76.1hm^2，游人量约为 209 万人次，占城市建成区的面积不到 1%，且分布并不均匀，主要集中在相对繁荣的租界地内；北京市有 6 个公园，游人量约为 337.09 万人次，面积 49.87hm^2，多集中于城区中心，但园内花木衰败、建筑残破，湖池中淤泥堆积、蚊蝇滋长；广州市仅存 4 个公园，面积约 25hm^2；河南全省仅有 3 个公园，面积 23hm^2；重庆市仅剩 6 个公园，面积 34hm^2。中华人民共和国成立之前，城市公园本来就发展缓慢，再加上连年不断的战争与社会动乱，使原有的公园基础也遭到了毁灭性的破坏。直到中华人民共和国成立前夕，各地幸存的一些公园也景象萧条，设施简陋破败，但即使公园景色如此，也没能免去人们对城市公园的游览需要。

1949年中华人民共和国的成立标志着现代城市公园、绿地建设事业的起航。我国城市公园的发展经历了以下几个时期。

1. 恢复起步期（1949—1952年）

国民经济处于恢复时期，全国各城市以恢复、整理旧有公园和改造、开放私园为主，新建少量公园；全国各省市逐步开始为和平建设作准备，积极开辟苗圃，大量培育苗木。一部分林业高等院校开始创办园林专业，为园林绿化事业培养了第一批高等人才。

2. 第一个五年计划期间（1953—1957年）

由于国民经济的发展，全国各城市结合旧城区改造、新城区开发和市政工程建设的启动，开始了大规模的新公园建设；同时，也对原有公园进行了整理、修缮。在公园规划设计方面，受到了苏联设计风格影响，多以休息文化公园为主。大量新建的各类型公园，使公园的数量不断增多，类型日趋丰富，规划建设、经营管理的水平也不断提高。

3. 起伏发展期（1958—1965年）

1958年8月，毛泽东提出："要使我们祖国的山河全部绿化起来，要达到园林化，到处都很美丽，自然面貌要改变过来"。在"大地园林化"时期，提出"园林绿化为生产、为人民生活服务"的指导方针，致使新建公园的工作基本停止，政府将园林绿化工作转向了"普遍绿化"和"园林结合生产"的模式，出现了公园农场化和林场化建设倾向。在此时期，园林建设的概念被狭义地理解为种树、园务等，轻视了园林深层次内涵，忽略了造园技法，园林观赏性、艺术性、理论的发展受到了极大的约束。

4. 徘徊停滞期（1966—1977年）

"文化大革命"期间全国城市公园建设基本停滞，而且还遭到不同程度的破坏。1968年，全国新建公园数量降为零，一些城市的主要公园被彻底破坏，公园管理机构被解散，大量公园被非法侵占，技术人才的培养教育工作中断。我国公园建设事业进入了停滞甚至是倒退期。

5. 恢复休整期（1978—1988年）

1978年中国共产党第十一届三中全会以后，作为城市基础设施之一的园林绿化被重新纳入城市建设规划。1978年12月第三次城市绿化和园林工作会议，明确提出了城市园林绿化工作的方针、任务和加速实现城市园林化的要求。1982年城乡建设环境保护部颁发了《城市园林绿化管理暂行条例》，使城市园林绿化工作有章可循、有法可依。1986年城乡建设环境保护部又召开了新中国成立以来全国第一次城市公园会议，强调公园建设不再"以园养园"和园林结合生产，要注重园林基本功能的发挥。至此，全国城市公园建设在改革开放历史潮流的推动下重新起步，各城市公园展开新一轮的建设，与此同时，公园数量增加、品质提高，建设速度明显变快，并且开始重视园林界的学术发展，1985年《中国园林》《园林》等杂志的创刊，为我国风景园林行业成果的发布与交流开辟了重要的平台。

6. 稳步增长期（1989—1999年）

在改革开放第二个"十年"期间，我国开始重视社会主义精神文明建设，城市公园建设也更加趋于规范化。1989年"中国风景园林学会"在杭州正式成立。

1992年的《全球21世纪议程》的提出广泛影响了人们对世界、城市、生活的重新认识。在这样的国际环境下，我国颁布了新中国成立以来第一部有关园林绿化的法规《城市绿化条例》，标志着我国城市园林绿化事业逐步趋向法制化、规范化。同年颁布的《公园设计规范》，对公园的功能、设施、规模以及总体设计、地形设计、园路及铺装场地设计、种植设计、建筑物及其他设施设计提出了相应的要求。次年，建设部又推出了《城市绿化规划建设指标的规定》，进一步明确了城市绿地的分类体系，并根据城市规模，对城市绿地规划指标提出了相应的具体要求。除此之外，1992年建设部还提出了"园林城市"评选标准，北京、合肥、珠海等被列为首批"园林城市"名单。随后，各地政府开始重视公园建设以促进土地升值。随着经济持续高速增长，公园建设速度普遍加快，管理水平也明显提高。

7. 快速发展期（2000—2015年）

21世纪的城市需要可持续发展，需要向生态型格局演化，不仅需要成为"园林城市"，更需要向"生态园林城市"的宏伟目标迈进。2004年建设部提出把创建"生态园林城市"作为建设生态城市的阶段性目标，印发了《创建"生态园林城市"实施意见》的通知，并进行了试点活动。2008年住房和城乡建设部编制了我国园林绿化行业的第一个国家工程建设标准规范《城市园林绿化评价标准》，并于2010年颁布执行，该"评价标准"包括了城市园林绿化以及城市环境和基础设施建设的多个领域，涵盖了管理、规划、建设等多个层面，总结了我国城市园林绿化多年来的研究成果和实践经验，体现了现代城市园林绿化的发展方向，同时，也标志着我国的城市园林绿化评价正式走上了标准化之路，是我国城市园林绿化发展的一个里程碑。

8. 融合跃升期（2016年至今）

2016年以来，随着《公园设计规范》GB 51192—2016、《城市绿地分类标准》CJJ/T 85—2017等新规范、标准颁布实施，我国公园建设迎来新的发展机遇。2018年习近平总书记提出"公园城市"理念。这一理念将城乡绿地系统和公园体系、公园化的城乡生态格局和风貌作为城乡发展建设的基础性、前置性配置要素，城市公园正从公园绿地概念范畴向"公园城市"这一新型城乡人居环境建设理念和理想城市建构模式跃升。2019年《城市绿地规划标准》GB/T 51346—2019的颁布标志着"公园城市"理念的实践正蓬勃发展。

1.3 城市公园的功能与特点

1.3.1 改善城市生态环境

城市公园作为城市之肺，在城市生态环境发展中起着重要作用，是具有自净功能的重要系统。主要体现在维护城市生态系统、提供生态产品、保护生物多样性等方面。

其一，维护城市生态系统。城市公园能够改善局地小气候，降低城市热岛效应，调节空气湿度，促进局地气体环流，改善通风条件；城市系统产生大量的余热、噪声和污染物，城市公园具有对污染物质起到吸收、减弱和消除作用，综合调节城市环境。其二，提供生态产品。城市公园中的绿色植物通过光合作用吸收二氧化碳释放氧气，可以降低环境中的二氧化碳浓度，在城市低空范围内调节和改善城区的碳氧平衡，提供更加清洁的空气；城市绿地具有提供清洁水源和保持水土的作用。其三，保护生物多样性。城市公园中绿地可以为不同的野生动物提供相应的生存空间，生态系统之中各个物种之间相互依赖、彼此制约，而且生物与其周围的环境也相互作用，保障生物群落、生存环境及其生态作用的丰富和多样化。

1.3.2 满足居民休闲游憩

城市公园是城市的起居空间，是城市居民的主要休闲游憩场所。区别于以高楼林立、玻璃幕墙、水泥路面、交通立交桥、奔驰的汽车等为特征的城市景观，城市公园自然特性的异质性特征吸引人们前往旅游休闲，让人感受到赏心悦目、慢节奏和近自然的愉悦心情。其宁静的自然环境，丰富的休闲设施等为城市居民提供了大量户外活动的可能性，承担着满足城市居民休闲游憩活动需求的主要职能。

随着健康意识的不断增强，城市公园健身的重要性也更加凸显，利用闲暇时间，日常性地从事散步、运动、锻炼等活动已经成为城市居民普遍的生活习惯和社会需求。此外，鉴于城市居民繁忙的工作节奏和固定的生活方式，城市公园成为人们接触不同行业人群、认识和增进友谊等的重要场所。

1.3.3 营造地域景观风貌

城市公园是突显城市历史底蕴、文化品位和风土人情的开放空间，是彰显城市地域特色、当地人民的社会生活和精神风貌的橱窗，是展示一个城市甚至一个地区景观特色和独特风貌的舞台。

空间布局良好的城市绿地可以改善城市环境，营造景观特色，从而达到美化城市的目的，同时给人们带来心理和视觉上的美感。如上海长风公园（图1-3），形成了城市中独特的山水景观风貌；扬州市的瘦西湖风景区和运河绿化带，形成了内外两层绿色园林带，使扬州市具有风景园林城市的特色；日内瓦湖的风光，成为日内瓦景观的代表；塞纳河横贯巴黎，其沿河绿地丰富了巴黎城市面貌；澳大利亚的堪培拉，全市处于绿树花草丛中，是美丽的花园城市。

图 1-3　上海长风公园

1.3.4 教育普及文化知识

城市公园作为城市主要的公共开放空间，不仅是城市居民的休闲游憩活动场地，也是市民感受社会教育的重要场所。随着社会经济、文化的进步和全民健身、休闲活动的开展，城市绿地日益成为弘扬民族传统文化、加强爱国主义教育、展示自然科学知识的重要窗口。

许多城市公园共生着悠久的文化遗存，或地址，或建筑、物件，或树木，或碑刻等，同著名的历史事件、历史人物相连，或展示祖国的大好河山，或纪念为国家建立和建设牺牲的烈士，或还原国防历史中的某一片段，具有珍贵的文化价值，是宣传民族传统文化、弘扬爱国主义精神的重要场所。在城市公园设置展览馆、陈列馆、宣传廊等以文字、图片形式对人们进行相关历史文化知识的宣传，利用绿地空间举行相关主题的表演等活动，能以生动形象的活动形式进行历史文化的宣传，提高人们知识面的广度和深度。

城市公园是人们接触自然的最佳媒介。公园内的自然景观、动植物资源，向公众展示着自然界的奥秘。人们可以到公园来认识各种动植物，观察动物、植物的外貌特征及其生活习性或生长特征，认识人类与自然的密切关系，养成保护动植物、爱护环境的良好习惯，增强环境保护意识。

1.3.5　保障城市安全空间

伴随着城市化水平的持续提高，城市人口规模和人口密度不断增长，虽然防灾减灾技术手段不断进步，但是应对灾害的脆弱性和易损程度不断加深，城市防灾避险的空间日渐有限，城市防灾系统的调节能力亟待提升。城市公园绿地一般具有较大面积的开敞空间，发挥着重要的防灾减灾作用，城市绿地防灾减灾系统也引起人们高度重视。城市公园是其中重点，经过防灾避险规划设计并实施的城市公园担当着防火、防震、防洪、减轻灾害等防灾避险的功能（图1-4）。

图1-4　上海大连路绿地应急避灾场所

1.4　城市公园的类型

住房和城乡建设部于2017年颁布了《城市绿地分类标准》CJJ/T 85—2017，将城市绿地分为5大类型。其中，公园绿地的分类下又划分为4个中类，6个小类。除综合公园和社区公园以外，还包括各种专类公园：动物园、植物园、历史名园、遗址公园、游乐公园等。除以上公园绿地外，将用地独立，规模较小或形状多样，方便居民就近进入，具有一定游憩功能的绿地作为游园类型。此标准通过具体的分类，便于城市公园规划设计、经营管理工作的开展，使城市绿地系统建设能力更加健全，充分发挥绿地在城市这个有机整体中的保护环境、改善环境、满足人们的游憩需要、美化城市等作用（表1–1）。

城市建设用地内的绿地分类和代码　　　　　　　　　　　　　　　　　　　　表1–1

类别代码			类别名称	内容	备注
大类	中类	小类			
G1			公园绿地	向公众开放，以游憩为主要功能，兼具生态、景观、文教和应急避险等功能，有一定游憩和服务设施的绿地	—
G1	G11		综合公园	内容丰富，适合开展各类户外活动，具有完善的游憩和配套管理服务设施的绿地	规模宜大于10hm²
	G12		社区公园	用地独立，具有基本的游憩和服务设施，主要为一定社区范围内居民就近开展日常休闲活动服务的绿地	规模宜大于1hm²
	G13		专类公园	具有特定内容或形式，有相应的游憩和服务设施的绿地	—
	G13	G131	动物园	在人工饲养条件下，移地保护野生动物，进行动物饲养、繁殖等科学研究，并供科普、观赏、游憩等活动，具有良好设施和解说标识系统的绿地	—
		G132	植物园	进行植物科学研究、引种驯化、植物保护，并供观赏、游憩及科普等活动，具有良好设施和解说标识系统的绿地	—
		G133	历史名园	体现一定历史时期代表性的造园艺术，需要特别保护的园林	—
		G134	遗址公园	以重要遗址及其背景环境为主形成的，在遗址保护和展示等方面具有示范意义，并具有文化、游憩等功能的绿地	—
		G135	游乐公园	单独设置，具有大型游乐设施，生态环境较好的绿地	绿化占地比例应大于或等于65%
		G139	其他专类公园	除以上各种专类公园外，具有特定主题内容的绿地。主要包括儿童公园、体育健身公园、滨水公园、纪念性公园、雕塑公园以及位于城市建设用地内的风景名胜公园、城市湿地公园和森林公园等	绿化占地比例宜大于或等于65%
	G14		游园	除以上各种公园绿地外，用地独立，规模较小或形状多样，方便居民就近进入，具有一定游憩功能的绿地	带状游园的宽度宜大于12m；绿化占地比例应大于或等于65%
G2			防护绿地	用地独立，具有卫生、隔离、安全、生态防护功能，游人不宜进入的绿地。主要包括卫生隔离防护绿地、道路及铁路防护绿地、高压走廊防护绿地、公用设施防护绿地等	—

续表

类别代码			类别名称	内容	备注
大类	中类	小类			
	G3		广场用地	以游憩、纪念、集会和避险等功能为主的城市公共活动场地	绿化占地比例宜大于或等于35%
	XG		附属绿地	附属于各类城市建设用地（除"绿地与广场用地"）的绿化用地。包括居住用地、公共管理与公共服务设施用地、商业服务业设施用地、工业用地、物流仓储用地、道路与交通设施用地、公用设施用地等用地中的绿地	不再重复参与城市建设用地平衡
XG		RG	居住用地附属绿地	居住用地内的配建绿地	—
		AG	公共管理与公共服务设施用地附属绿地	公共管理与公共服务设施用地内的绿地	—
		BG	商业服务业设施用地附属绿地	商业服务业设施用地内的绿地	—
		MG	工业用地附属绿地	工业用地内的绿地	—
		WG	物流仓储用地附属绿地	物流仓储用地内的绿地	—
		SG	道路与交通设施用地附属绿地	道路与交通设施用地内的绿地	—
		UG	公用设施用地附属绿地	公用设施用地内的绿地	—
	EG		区域绿地	位于城市建设用地之外，具有城乡生态环境及自然资源和文化资源保护、游憩健身、安全防护隔离、物种保护、园林苗木生产等功能的绿地	不参与建设用地汇总，不包括耕地
EG	EG1		风景游憩绿地	自然环境良好，向公众开放，以休闲游憩、旅游观光、娱乐健身、科学考察等为主要功能，具备游憩和服务设施的绿地	—
		EG11	风景名胜区	经相关主管部门批准设立，具有观赏、文化或者科学价值，自然景观、人文景观比较集中，环境优美，可供人们游览或者进行科学、文化活动的区域	—
		EG12	森林公园	具有一定规模，且自然风景优美的森林地域，可供人们进行游憩或科学、文化、教育活动的绿地	—
		EG13	湿地公园	以良好的湿地生态环境和多样化的湿地景观资源为基础，具有生态保护、科普教育、湿地研究、生态休闲等多种功能，具备游憩和服务设施的绿地	—
		EG14	郊野公园	位于城区边缘，有一定规模，以郊野自然景观为主，具有亲近自然、游憩休息、科普教育等功能，具备必要服务设施的绿地	—

续表

类别代码			类别名称	内容	备注
大类	中类	小类			
EG	EG1	EG19	其他风景游憩绿地	除上述外的风景游憩绿地，主要包括野生动植物园、遗址公园、地质公园等	—
	EG2		生态保育绿地	为保障城乡生态安全，改善景观质量而进行保护、恢复和资源培育的绿色空间。主要包括自然保护区、水源保护区、湿地保护区、公益林、水体防护林、生态修复地、生物物种栖息地等各类以生态保育功能为主的绿地	—
	EG4		生产绿地	为城乡绿化美化生产、培育、引种试验各类苗木、花草、种子的苗圃、花圃、草圃等圃地	—

1.5　城市公共空间品质与公园品质

随着城市公共空间研究的不断深入，学者们对公共空间的观察从最初的单一物质环境发展为人对空间感知、空间与人类相互作用的关注。公共空间是城市活力的重要来源，具有良好品质的公共空间能够促进社会融合与稳定。

城市公共空间品质内涵包括两个方面，一方面指物质空间特征，另一方面指使用者感知体验。前者是空间品质的基础，而后者又分为心理环境、场所感知等，需要通过物质基础的提升，达到满足城市居民综合需要和使用活动需求的程度。公园作为城市居民亲近自然的重要公共空间，其品质内涵不仅应注重公园物质环境质量，还需要强调了解公园布局、活动内容、管理服务方式对居民需求的满足程度。因而可以从两个方面理解公园品质，首先是物质环境品质，指城市公园实现其多重功能的能力，主要表现在使用者和管理者对公园景观布局、功能设计和空间环境产生的感知评价。其次是服务品质，指城市公园管理服务满足居民不断变化的多样需求的能力，体现在空间环境所起到的精神作用和服务管理水平的高低。

1.6 公园品质提升的内涵

公园品质提升首先是对现有的绿地景观各类物质景观要素及组合方式进行改造、调整及提升。通过对园林景观硬件设施的保留、保护、提高、建设，形成功能完善、结构完整、特色突出的高质量园林景观。其次，景观品质的提升是不断发展、不断完善的过程，需要在良好的设施配置基础上，不断根据时代的发展新特点，和居民使用新需求，完善公园设施及配套服务。通过实施公园品质提升，营造良好的生态环境，优化布局结构，提升景观质量，完善基础设施，提高管理水平，增强服务功能，吸引更多的市民参与到园林景观的动态发展和平衡中。

1.7 公园品质提升的必要性

1.7.1 完善公园环境设施的迫切要求

随着时间的推移，公园使用频率增加，作为"空间硬件"的公园环境设施在使用过程中面临诸多亟待解决的问题。首先是基础设施陈旧问题，随着市民游客对公园使用需求的不断增长，公园长期处于超负荷运转的状态，导致设施老化损坏。再加之由于资金投入不足、长期疏于管理等因素，老旧公园基础设施已无法满足正常的使用需求。通常存在给水排水管老化，照明设施缺失或陈旧，缺乏指示标牌、服务设施等问题。其次是服务设施数量及功能不足，随着需求的增加，部分服务设施如座椅、厕所、避雨亭、活动场地等存在数量不足的矛盾。此外，游人对公园的功能需求已从原有的"观赏性、静态性"的景观体向"参与性、动态性"的景观综合体转变。为适应游人不同的功能需求，公园的设施功能布局有必要进行调整。再次是存在安全隐患，为提高游人安全保障，城市公园需要增加医疗急救点、电话亭等应急设施。随着开放需求的日益增长，公园开放时间延长，甚至全天候开放。因此，公园的功能区划需要进行调整，公园的灯光照明、安全防控、标志标识和监控系统等亟须更新完善。

1.7.2 满足城市居民多样需求的必然途径

随着公园使用者需求的多样化，公园活动设计、服务方式存在与需求相脱节的问题，且缺乏地域文化特征，导致城市居民对公园认可度低。因此，通过城市公园有效服务管理组织方式和活动，将公园"空间硬件"与"人文软件因素"并重，提升城市居民对公园的共建共享热情，解决诸如景观特色单调、管理服务滞后问题等，满足城市居民多样化的需求。

景观特色单调。伴随着城市快速发展的需求，城市公园数量也在快速增加，但公园面貌"千园一面"，求快贪大，对园艺的重视和关注不够。公园建设不注重对自然、人文的理解和吸收，不注重对塑形、理水、植物造景的研究，大量的公园风格趋同。同时，部分公园为了追求经济利益，改变原来服务设施和管理建筑的功能，增设一些与公园功能无关的商铺、收费活动场所，甚至利用公园场所建设为少数人服务的高档消费场所和会所，曲解了公园为普通市民服务的根本宗旨，造成了不良的社会影响。尤其是对于具有一定历史价值的老公园，由于长期忽视公园特色的培养，不重视自身文化内涵的发现，对公园内的历史建筑物和古树名木缺乏精心保护，造成原有历史风貌、特色景点的逐渐淡化和消失。因此，公园空间营造必须从注重物质空间转为人文与物质空间并重。从单纯的物质空间设计，转变为对公园文化特色的塑造，通过空间表达公园独特的景观风貌和文化底蕴，使公园成为人与城市情感的联结体。

管理服务滞后，老旧公园现存的问题究其原因一方面与市民活动需求的不断提升、时代发展的要求不断提高有关；另一方面主要是因为各城市公园建设管理普遍存在重建轻养、重建轻管的现象。

第 2 章

公园品质提升的策略与原则

2.1 公园品质的属性

2.1.1 场所性

在全球化浪潮的冲击下，城市公园的景观设计也逐渐呈现千篇一律的弊病。景观是一个动态的过程，历史上的景观之所以能留存千年，正是因其所蕴含的文脉反映了它的场所精神，这种精神会伴随社会文化的发展一直延续下去。高品质的公园景观通过物化的形式传递情感，给身处其中的人们归属感和亲切感。

人类学家克莱德·克拉柯亨把"文脉"界定为"历史上所创造的生存的式样系统"。文脉主义注意到现代建筑艺术和城市规划的失败之处，认为建筑和城市要重视历史和传统特点才能继续生存下去。文脉主义强调传统的延续不断和丰富性等方面，认为"历史上的城市，不是由纯物质因素组成的，城市的历史是一个人类激情的历史。在激情与现实之间精妙的平衡和辩证关系，使城市的历史具有活力"。城市的文脉，就是城市赖以生存的背景，是与城市的内在本质相关联、相影响的那些背景。一切决定城市的产生、发展及城市形态的显性的、隐性的东西，都可以列入城市文脉的范畴。城市的文脉，是城市文化概念的自然延伸。文脉主义提出以后城市空间设计不再停留在单纯视觉上的形态设计，而是关注人的心理、行为与环境的关系，城市空间设计的评价标准也已转向着重"人、社会、历史、文化、环境"方面。1979年，挪威城市建筑学家诺伯格·舒尔兹首次在建筑领域提出了"场所精神"这一概念。场所是指抽象的区位，由具有空间特性的结构组成，即"场"；"精神"是指个体的意识、思维活动以及心理状态等。因此，"场所精神"一般泛指一个场所存在且被普遍接受、认同的精神状态。在日常生活中，个体与环境之间通过经验、记忆以及意象等方式形成对场所的认同，这个认知过程是在磨合中缓慢形成的，但是一旦形成，便会构成稳定的场所精神。

如图2-1所示，诺伯格·舒尔兹认为方位感和认同感是场所精神应该具备的特征。

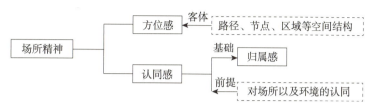

图 2-1 场所精神的特征

1. 方位感

场所精神产生的前提是需要认知自己在场所中的位置,以便获得立足点,这是辨析方向的基础,也是明确本体与场所之间联系的关键。人们在场所中通常以经验、记忆等方式构建自己对环境的认知,从而获得方向感和安全感。凯文·林奇在《城市意象》中认为路径、节点、区域等元素之间相互作用,可以形成一种被人们认知的"环境意象",而这种可意象性的环境有助于场所中个体方位感的建立。同时,凯文·林奇总结出可以通过形态、结构或颜色塑造场所,使其高度结构化,从而使环境的可意象性变得容易,避免人们在环境中因为方向的不确定带来失落等消极情感。

图 2-2 所示为天津市和平区中心公园,始建于 1917 年,后经历了多次更名与修整。最初由法租界当局所建,是直径为 135m,占地 1.27hm² 的圆形法国规则式人工园林,时称"法国花园"(又名霞飞广场)。图 2-2(a) 所示园区内以同心圆及辐射状的道路为布局基础,中间建有西式八角石亭,园路皆用小卵石散铺而成。2019 年,为了探索记忆中的法兰西公园,中心

(a)改造前

(b)改造后

图 2-2 天津市和平区中心公园布局实景图

公园进行提升改造，把这座承载了三代人记忆的公园按照"修旧如旧"的理念进行设计。图2-2（b）所示中心公园地块的道路基本沿袭了租界时期的模式，以"花园路"围绕中心公园中心，与之相垂直的是六条呈放射状的道路（丹东路、辽宁路、承德路），中心公园园区是直径约为140m的圆形地块，由同心圆与辐射状道路分割，高度结构化的空间布局帮助构建个体方位感。

2. 认同感

认同感意味着"与特殊环境为友"，是对"定居"含义的深层解读。"与特殊环境为友"的前提是尊重自然环境和自然规律；人们对场所的认同是建立在对环境的认同上，因为环境不仅包含构建方位感的空间结构，还有构建认同感的物质要素，只有对环境产生认同，才能实现良好的定居，例如黄土高原上窑洞的建筑形式，使人们在特殊环境中实现定居并产生认同感。

图2-3（a）所示为原位于中心公园中心的八角亭，八角形欧式园亭，淡绿色小筒瓦坡屋顶，金色攒尖亭冠，白色科林斯式双圆石亭柱，白色宝瓶石护栏，宽条石台阶，石砌环亭花池，虽然为石亭结构，但造型轻盈通透，风格优雅而庄重。昔日的园亭是人们最喜欢的地方，留下了那个时代人们无数的欢笑和回忆，是整座公园的灵魂。1988年经"中心文化广场"改造，园中央的西式八角亭被拆掉，改建成无池喷泉，即在公园中心修建音乐喷泉。1995年，院内敬立了吉鸿昌将军青铜塑像一尊，公园成为一处爱国主义教育基地。2019年公园改造中，在尽可能"原汁原味"地还原八角亭的过程中，设计者先后利用SketchUp模型和3D打印模型进行推敲。

（a）改造前　　　　　　　　　　（b）改造后

图2-3　天津市和平区中心公园八角亭修建前后实景图

为了保证亭子能够满足抗震等级和承重需求,几次修改结构,最终完成了亭子的还原。亭子建成之后,好多路过的市民都说,几乎同旧照片中的亭子一模一样。如图2-3(b)所示,八角亭的重建唤醒了市民对公园的认同感。

2.1.2 历史性

广义的历史文化是指一定时期内社会精神成果和物质成果的总和。历史文化是园林设计的源泉,在城市园林设计中,积极从城市的历史文化中汲取营养,不仅促进了园林设计的发展,丰富了园林设计时的素材,增加了园林景观的文化内涵,同时也是城市历史文化的延续和发展,是城市特色的重要体现。城市园林设计中不仅有那些显性的历史文化要素,也包括行为文化、观念文化中的合理成分,同时还包括深层次的历史文化积淀。城市公园设计中历史文化的表达,应符合当代人的功能和心理等多方面需求,要反映出时代的精神,并重视现代科学技术的应用,与时代相结合。城市公园设计中历史文化的表达,重在历史文化内涵的表达。

历史文化内容丰富,包括以下几个部分:

(1)自然环境,包括山体、水体、动物、植物、气候等要素(图2-4),这些要素虽自天成,却处在城市生态系统中,不可避免地加入了人工改造的痕迹,蕴含人类的价值理念。自然环境与人工环境相辅相成是中国城市文化的精华,这无疑也体现着城市的独特性,使得自然环境在城市中的地位更为重要,同时城市的自然环境也是见证城市历史发展的特色景观。如

(a)扬州宋夹城公园平面图　　　　　　(b)昆山亭林园鸟瞰图

图2-4　历史文化——自然环境

杭州西湖三面环山、一面临城，两千多年间自然与人文相互交织，2011年被列入《世界文化遗产名录》。

（2）城市形态与色彩特征。城市形态特征包括城市道路骨架、节点、公共空间、核心、地标、边缘等方面，城市在历史的发展中产生了具有感染力的城市形态，因此园林设计师常常以城市形态特征为题材表达城市的历史文化内涵。在上海徐家汇公园设计中，公园构思参照上海市地理将湖泊设计成黄浦江的形状，并架设象征徐浦、卢浦、南浦、杨浦的四座大桥，巧妙地把上海的城市形态特色展现在公园中。城市的色彩运用也能体现一个城市的特色，例如紫禁城的红色和北京的中轴线是形成北京特色的重要方面。

（3）承载历史文化信息的建筑物、构筑物等。建筑是文化的产物，现存的古典建筑作为一种物质和精神的载体，反映了中华民族的勤劳智慧和深厚的历史文化。建筑物的类型非常多样，如房屋、寺庙、教堂、陵墓、钟楼、塔、亭、台、楼、榭、碉堡等，不同的区域或地方都有自己的建筑风格，建筑装饰也有着不同的地方风格化积淀，而不同地区的不同建筑形式也体现着建筑文化的多样性。建筑是园林的重要组成要素之一，在城市园林设计中，园林建筑常模仿或借鉴城市中现有的或历史上存在的建筑样式和类型。构筑物包括各历史时期遗留下来的围墙、桥梁、堤岸、码头、市政设施、军事设施等。城市的技术设施往往反映了某一时期城市生产力的发展水平及某种文化现象。园林设计中应给予这些特定历史时期、特定环境下形成的构筑物以足够的认识，从这些构筑物上了解城市的历史和一些场地的历史（图2-5）。

（a）音乐亭老照片

（b）现状音乐亭

图2-5　厦门中山公园音乐亭的过去和现状

（4）历史人物和重大历史事件。人是历史中最吸引人的部分，"人以地名，地以人名"，人的一个基本属性是社会性，某个历史人物往往是一个具有历史性意义的社会场景中的点睛之笔，成为强化城市历史的要素。历史人物往往和一些

（a）上海市鲁迅公园实景图　　　（b）成都望江楼公园薛涛井

图 2-6　历史人物和重大历史事件

重要的历史事件相联系，这就使得该空间环境的意义更加强烈、城市历史更丰富。历史事件是最能反映一个地方的城市历史的，由于它的存在，即使平凡的建筑或空间环境也能获得非凡的历史意义，从而得到人们的认同（图 2-6）。

（5）人的日常生活和行为方式。著名历史学家、年鉴学派代表人物费尔南德·布罗代尔指出，历史的结构是一种"日常生活的结构"。人类的文明就是人们最平凡、最普通的日常生活和行为方式，它包括一个时代人们的衣、食、住、行等各个方面。这些日常的生活和行为具有绵长的生命力和历史的延续性，使某一空间环境的城市历史具有不同的情趣和地域特色。当代设计中对历史的关注，其倾向之一就是对历史中的日常生活的关注，在城市公园的设计中，设计师也表现出对日常生活的关注，并把它们表现在公园的各种小品设计中。

（6）传统的特色产业。随着社会的进步与经济的发展，有许多经济活动形式已不适应城市发展而遭淘汰，也有少量存续下来的产业值得重视。在城市公园设计中，应该重视城市历史发展中形成的特色产业及其建、构筑物。像景德镇的陶瓷业、重庆的竹器加工业等，其工艺流程、产品系列等随时代的发展不断发生变化，是反映城市生活、时代特征变迁的有力证据。

2.1.3　公共性

人本主义（Humanism）是泛指直接从人本身出发，研究人的本质及人与自然关系，并强调人的地位、作用及价值的一般学说。现代西方人本主义把人的研究转化成一种本体的、孤立的研究。它不是普遍地研究人类及其活动，而是强调对人自身的研究；也不是一般地注重个人，而是倡导肯定人的内在的心理体验和非理性的直觉；由对普遍人性及普遍的自由、平等、博爱的颂扬转向对个人的独特个性、生命和本能的强调。以人为本的思想一直贯穿于现代城市规划思想当中，马斯洛的层次需求理论为城市公园设计提供了理论依据，该理论将人的需要分为五类，即生理需求、安全需求、社交需求（归属与爱的需求）、尊重需求和自我实现需求，各层次需求都需要相应的城市公园空间来承载。人本主义的城市公园应具有全龄友好性和开放性等特征。

城市公园的全龄友好性——无论是儿童友好城市、老年友好城市，还是全龄友好城市、公园城市，从根本上说，都将是"人民城市"重要理念的价值追求和具体体现。"全龄友好"的内涵不仅指向年龄等方面的差异，更是对全体社会成员的友好。公园城市的全龄友好最主要体现在下列三重属性上：公共性、生态性、人文性。公共性——公园空间是公共的，对公众开放的，全体市民、全龄人口可以共享。既要有大型的公园绿地，也要有中小型的公园绿地，大大小小的、层级各异的开放绿地共同构成城市的公园空间体系。这些公园绿地是方便可达的，人们可以采用公共交通方式，对于老少人口来讲，通过步行也能到达最近的家门口的袖珍公园或口袋公园。生态性——公园空间与城市及其所在区域的自然要素内外贯通，可以形成城市生态环境的支撑系统，为全体市民提供生态效益。一般而言，老人、儿童在热浪、洪涝、污染等自然灾害或其他次生灾害面前都是最脆弱的群体，维持良好的公园空间系统不但有助于提供市民新鲜的空气、洁净的水体，还能增强城市抵御自然灾害、保护脆弱群体的能力，也就是提高城市的韧性。人文性——公园空间不但能够塑造城市独特而鲜明的景观风格，而且能够提供健康的生活环境、亲自然的生活趣味，通过风景为各年龄阶段群体带来无意识的精神熏陶，培养市民的美学敏感性。基于城市独特的地理环境和气候条件，还可能催生特定的户外活动、城市生活方式和文化艺术体验。

越秀公园作为最受广州人欢迎的综合性公园之一，公共配套服务设施需要满足"全龄化"的人性关怀，在小空间中实现大民生，于细微处体现贴心服务。通过问卷调查、大数据分析，结合现场调研，统计分析了越秀公园不同年龄层在不同活动区域的活动热点和活动时间，针对各年龄群众不同活动场景所需，因地制宜精准完善、补充服务配套设施。越秀公园一共有15座旧式厕所，存在设施老化、便民设施不足、功能不齐等诸多问题。2019年，广州市越秀公园开展了厕所完善提升工程，重点改善厕所内外环境，并应用科技智能产品，提升人性化、实用化等服务功能，打造优美、智慧的新时代厕所（图2-7a），受到各个年龄层次游客和"老广"的喜爱。同时，依托越秀公园深厚的文化底蕴，结合公园"老城市新活力"公园基础设施全面提升，近年来，公园致力于打造"越秀山故事"文化品牌，让越秀山故事"走出去"，作为根植于广州的文化IP，为"老广"们献上了精彩纷呈的文化盛宴，让新广州人、年轻的广州人和来广州的游客读懂广州、热爱广州。公园积极引进集文化性、体验性及实用性为一体的特色经营服务项目，形成"东休闲、南非遗、西科技、北艺术"的总体经营格局。其中，北片区为艺术文化功能区，包括当代艺术中心（图2-7b）、星辰花园科普馆、花卉馆三大展馆及粤秀书院等。

城市公园的开放性——"开放性"本身是城市公园的应有之义，甚至可以说是立身之本，所谓公园就是指"向公众开放的以游憩为主要功能的城市绿地"。公园的开放性包括空间上的开放、功能设施的共享和价值取向上的交结三部分。

（1）空间上的开放。首先，边界的开放构成积极的共享地带，作为两种不同性质地块的交界地带，边界往往具有特别的"边缘优势"，有着特别的价值。在早期的公园建设中，对边界多采取消极的态度，往往是以各种材料一挡了之。而如果以开放的心态去考虑公园与城市的关系则完全可以积极地看待边界的特别条件，构筑彼此之间的共享空间，包括视线-景观

（a）广州越秀公园厕所

（b）广州越秀公园艺术中心

图2-7 广州越秀公园实景图

（a）拆围增景前　　　　　　　　　（b）拆围增景后

图 2-8　成都望江楼公园拆围增景后实景

和活动等方面。为加快建设美丽宜居公园城市，贯彻成都市公园城市"景区化、景观化、可进入、可参与"的理念，2019年，成都望江楼公园实施"拆围增景"工程，以"开敞通透、层次丰富、展现川西园林特色和望江楼特色"为原则，对公园沿望江路一线园林景观进行提升，拆围增景工作使景观面积提升约 4500m^2（图 2-8）。其次，是内部空间的开放，即积极接纳外部步行系统。所谓空间的开放，不仅仅指其外部边界的开放，当一个公园由于特别的形态（比如跨越两三个街区的带状公园）或特别的区位（交通复杂地段），需要考虑外部人群的穿越时，公园不能以"保证内部空间的完整"为借口，而拒不接纳。

（2）功能设施的共享。从城市的角度更加开放地看待公园的性质，公园和城市、城市生活的关系应当更加紧密。公园与其他城市公建一样提供公共空间，为城市提供公共服务。如扬州市宋夹城体育休闲公园设有击剑馆（图2-9）、网球馆、羽毛球馆、击剑馆、保龄球馆、乒乓球馆、室外网球场等专业化运动场所，有了这些公共服务设施的加入，城市公园将成为与市民文化和休闲生活密切相关的交往空间。

图 2-9　扬州市宋夹城体育休闲公园击剑馆

（3）价值取向上的交结。公园是为公众服务的，必须能与大众和时代产生交流、引起共鸣，城市也应当回归人居环境的本质，与公园形成共同的价值基础。产业地景观是公园和城市合作的代表性产物，工业文明在公园中得到认可并成为主角。

2.1.4 生态性

城市公园是场地尺度的绿色基础设施实施途径之一，绿色基础设施是城市建设生态支撑体系的可持续发展途径，并能为人们提供多重生态系统服务，包括供给服务（Provisioning Services，包括食物生产、原料生产、水资源供给等）、支持服务（Supporting Services，包括土壤保持、维持养分循环、光合作用、生物多样性等）、调节服务（Regulating Services，包括气体调节、气候调节、净化环境、水文调节、固碳等）、文化服务（Cultural Services，包括美学、游憩、教育等）功能。

场地尺度的绿色基础设施实施途径还有很多，也可用于城市公园中，具体包括：

（1）生物滞留系统（Bioretention Systems）。生物滞留系统可被应用在小的绿化节点中，如停车场、居住区、高速公路中央分隔带等。它包括了有助于提升水体质量的过滤介质与植物，同时这些介质与植物可以用来对开发前的水文环境进行保护。它们在用以滞留和处理污染物的景观设计中基本都处于低洼地区。生物滞留系统及雨水花园的基本功能就是控制雨水径流。目前的研究主要集中在雨水的涌入与外流、污染的集中与降低上。在实际操作中，生物滞留系统被认为其在污染物消除方面效果显著。

（2）人工湿地（Constructed Wetlands）。人工湿地被定义为"人为设计制造的，由饱和基质、植物（挺水、浮水、漂浮和沉水）、动物、水体组成的，通过模仿自然湿地来满足人类需求的复合系统"。与自然湿地相类似，人工湿地也是一个复杂的综合系统。被看作是绿色基础设施的人工绿地也可以如自然湿地一样带来多种效益，它们既可作为一种经济高效的防洪措施，用于城市雨洪管理，也可用作野生动物栖息地，同时也能够提升景观的审美情趣、提供游憩设施。如图2-10所示，广州石门国家森林公园改造前由于峡谷和白芒潭河之间水系不连通，植被群落不连续，导致生境破碎化，同时缺乏"踏脚石"生境，阻碍了野生蝴蝶的繁衍生息，影响了其种类丰度和多样性指数。另外，每年夏季台风、暴雨或特大暴雨期，强降雨

（a）公园改造前

（b）公园改造后

图 2-10　广州石门国家森林公园排洪通道景观改造

引起的山洪挟带山石和泥土直接从峡谷冲刷进桃花源，顺着地势纵坡再流入白芒潭河，对区域自然环境尤其植被群落造成灾害性影响。改造为山洪提供了一条排洪通道，并把排洪通道通过景观化改造成跌水溪涧，不仅消除了山洪灾害对场地的侵害，还为蝴蝶提供了连续"踏脚石"栖息地，丰富了生物多样性。

（3）雨洪管理（Storm Water Management）。雨洪管理是把从自然或人工集雨面流出的雨水进行收集、集中和储存，作为水文循环中获取水为人类所用的一种方法。可提供类似"海绵"的功能，水多则涵养，缺水则释放，起调控雨洪平衡的作用。

（4）透水性铺装（Permeable Paving）。绿色停车场是指通过一系列技术的综合运用来减少停车场存在的不可渗铺装。传统非渗透铺装的地表（地面铺装）引发了许多城市问题，如暴雨径流导致的水道污染和水土流失，带来更大的污水处理压力，以及加重了城市热岛效应等。如图 2-11 所示，天津市和平区中心公园改造中，部分休闲场地的铺装设计为透水性材质铺地，保证此区域内地面小雨量时雨水能自行消纳。

（5）屋顶与垂直绿化（Green Roofs and Green Walls）。生物屋顶是被覆盖了植被的屋顶，是用生长着的植物来代替裸露的合成屋顶、复合和木质屋面板瓦、黏土和水泥瓦，以及金属板、拉膜等各种屋顶材料，其主要目的和重要功能是减少暴雨径流。生物屋顶另一项比较明显的附加利用价值是减少热岛效应，城市中心产生的热浪将会增大城市污染的风险，而生物屋顶的降温作用恰好可以减弱这一风险。生态绿墙是建筑物或构筑物中的垂直绿化元素，即利用植物的部分覆盖或全部覆盖发挥效用。屋顶绿化主要有两种不同的技术类型：生态绿墙与绿色立面。生态绿墙是一种由固定在垂直墙体上的栽植面、垂直模块和种植毯组成的墙面系统。绿色立面这种墙面系统则引导攀缘植物与地被植物沿着经过特别设计的支撑结构生长。图2-12所示为成都市植物园的垂直绿化，鹿角蕨、猪笼草、梦香兰等精致盆栽悬挂于墙面，彩叶芋、合果芋、吊兰等观叶植物组合装饰一整面绿化墙；而垂吊性较强的植物如长寿吊钟、霸王蕨、毛萼口红花、空气凤梨、紫藤葛、锦屏藤等悬吊于空中，营造出浪漫的场景。

图2-11 天津市和平区中心公园透水铺装改造

图2-12 成都市植物园垂直绿化

2.1.5 时代性

高品质的城市公园具有时代性，关注新技术和新材料的应用。随着社会的进步，人们希望城市综合公园能进行信息化建设，有一个方便、快捷、智慧的旅游体验。另外，当前城市公园存在一些基础设施不健全以及人为因素难以全面监管的问题，在城市综合公园的管理上也需要智能化的建设，从而建设一个更加和谐的城市公园。随着移动互联网、物联网、云计算、虚拟现实技术、地理信息技术等新兴信息技术的兴起，智慧化成为城市发展的新潮流，"智慧城市"在全球范围内迅速兴起。伴随信息化技术的不断成熟，将"智慧系统"的概念引入城市公园的规划设计之中，既是现代社会经济和生态文明发展的必然，也是城市公园自身建设的需要。

"智慧公园"建设的主要内容包括游客体验、公园管理两个方面。游客体验包括网络与通信服务、导游以及紧急帮助三个部分。其中，网络与通信服务包括通信基础设施的建设，还包括信息门户的建设和客户端软件的建设以及多媒体信息的展示，以及公园景区的实时信息播报。导游则包括游客的定位、景点的定位、路线的指引、景点的自动讲解、多媒体资料的点播等相关的电子导游。紧急帮助是指游客能够通过呼救功能，紧急联系安保以及医疗部门，并且能够自动准确地提供游客的实时位置。公园管理主要针对公园的管理者，他们通过系统管理公园事务，包括信息采集、公园档案、公园人员管理、公园资产管理、公园相关事务、公园监督等。通过将智慧系统应用于城市综合公园之中，一方面促进公园的节能减排、节水节电，保护环境；另一方面实现自助服务，自动化管理模式，减少人力物力，实现高效便捷地管理公园，科学地分析决策。

深圳市香蜜公园的信息化系统建设项目，涵盖智能照明系统、节能系统、无线覆盖系统、公共广播系统、一卡通系统、环境监测系统、安防监控系统等 14 个子系统，实施智能化、数字化、现代化管理，提升公园的综合管理水平，成为全市首个信息化、智慧化公园（图 2-13）。

(a) 户外智能体测仪

(b) 无人清洁机

图 2-13 深圳市香蜜公园智能化应用场景

2.2 公园品质提升的目标与策略

2.2.1 布局景观优化

公园景观质量受多重因素影响，包括生态环境、空间构成、视觉感受、文化传承、游憩体验等方面。

（1）提升生境质量。可以通过丰富植物种类、提高绿地率、优化植物配置模式、增加乡土树种使用等方式提高生境质量。

（2）优化空间结构。可以通过适当调整空间类型、合理安排空间序列、适度变换空间尺度等方式优化布局。在保留公园原有良好的历史风貌和文化特色的基础上优化公园的总体布局。公园功能或布局的调整，应根据公园性质、现状条件和游人特点，重新确定各分区的规模及特色，并用多级道路网络将各分区串联。

（3）优化视觉感受。公园改造时应当注意场地与周边环境的协调性，色彩搭配应当与城市整体氛围契合，植物配置、景观小品等宜形式多样，提升趣味性，也可根据场地条件适当增加竖向变化，增加景观层次感。

（4）坚持文化传承。公园改造中应当保留场地特色树种，特别是能够彰显公园及城市文化的树种。同时，应保留场地中具有历史价值的设施，为游人留住回忆。

（5）优化游憩体验。可以通过提升公园可达性、强化公园特色、提高公园参与性和增加公园安全感等方式优化游憩体验。

2.2.2 园容园貌整洁

（1）园容卫生总目标是：整洁、优美、清新、完好。绿地内应做到无垃圾，无大型杂草，无明显黄土裸露。

（2）道路地坪应保持清洁，日常保洁工作应和游客错峰，尽量在清晨、正午等游客较少的时段进行清洁，不得影响游客正常的游园活动。

（3）水面应当保持清洁，做到水面无漂浮杂物，无异味，无蚊蝇孳生，严格控制富营养化。

（4）雕塑、花架、喷泉、垒石、汀步、栏杆、景门、景墙等设施，应定期清洁、维护和检查，保持设施完好、清洁、美观。

（5）厕所应当做到引导标识醒目，设施完好，便池洁净，定期消毒，无尘垢，无堵塞。室内明亮，无污迹，墙面、地面干净。

（6）应保持垃圾箱（房）内外干净，当日清。提倡垃圾分类收集，确保公园内无散落的垃圾，无明显异味等。

（7）应做到文明施工，施工现场应做到有遮挡，张贴告示告知游人施工原因、内容、周期等信息。施工时严格控制扬尘，保持外围区域整洁，减少对周边人群的影响。

2.2.3 植物群落优化

种植设计调整应尊重原有公园植物布局和组群类型。保留和复壮公园的大树，保护有重要历史价值和稀有树木资源，修复公园原有特色的生态景观和景点。对保留的植物群落、树木等要制订保护措施和施工要求。在保留的植物群落、树木等范围内，不得损坏或改变原有土层和地表高程。丰富公园植被，新增植物种类的选择，应符合下列要求：

（1）因地制宜，选用适应栽植地段立地条件的当地适生种类，尽量选用乡土树种。

（2）选用能体现公园特色或主题的树种，强化公园特色。

（3）在靠近马路地段选用滞尘能力强的树种，改善公园空气质量。

2.2.4 基础设施完善

1. 园林建筑

新建、改建建筑物应符合公园总体设计的要求。公园内不得修建与其性质无关的、单纯以营利为目的的建筑。建筑占地面积和高度必须符合公园设计规范。亭、廊、花架、敞厅等供游人游憩建筑，要满足游人使用或赏景的要求。管理设施和服务建筑的附属设施，其体量高度应按不破坏景观和环境的原则严格控制。

2. 标识系统

园内指示牌，导游图，简介、游园规则，动、植物铭牌，宣传牌、安全告示、警示牌以及公共信息图形符号等的制作应符合相关规范，并有中英文对照，或配有拉丁学名。设置位置醒目，并保持完好。

3. 通道、铺装

公园主要园路应具有引导游览的作用，要做到明显、通畅，便于集散。生产管理专用路不宜与主要游览路交叉。生产车辆进出不得影响游客的正常游园活动。铺装场地应根据集散、活动、演出、赏景、休憩等使用功能要求作出不同设计。安静休憩场地应利用地形或植物与喧闹区隔离。场地铺装和结构层要采用透水、透气、防滑和无污染材料，减少铺装对原有树木、土壤和水体等产生的不利影响。道路、平台步级、路沿、护栏保持平整完好。

4. 管线设施、灯光照明、灌溉

水电设施、管线铺设应符合水电行业的技术安全规范，下水道畅通，做好节能减排工作。照明设施提倡使用太阳能、风能等节能灯具。灌溉提倡使用河水或雨水。

5. 无障碍设施

创建无障碍环境，主园路、出入口、厕所等基础设施及建筑设施应符合现行规范《无障碍设计规范》GB 50763 中的有关规定。

6. 其他设施

园椅、园灯、宣传栏等设施应做到整洁美观，外观完好，安全牢固。

2.2.5 服务功能增强

（1）园内一切管理服务活动必须服从整体功能的需要和总体规划，遵守国家的有关法律、法规，遵守职业道德，坚持为游客服务的宗旨。

（2）管理机构健全，管理人员配备合理。贯彻"优质服务，信誉第一"的经营方针，树立文明礼貌、买卖公平的服务宗旨，经营场所的店招店牌设置合理。工作人员仪表端庄，佩戴胸卡，站立迎客，使用文明用语。

（3）公园游艺设施管理按照《特种设备安全监察条例》（中华人民共和国国务院令第 373 号）及公园行业管理部门与质量技术监督部门的相关规定执行。

（4）设有咨询、投诉受理点和投诉监督电话及信箱。投诉处理应及时、妥善，有完整的记录档案。

（5）喷水池、叠泉的循环水装置保持完好，定时开放，并向游客公布开放时间。

（6）举办大型活动应按相关规定办理行政许可。完善各类自然灾害、治安事件的安全应急预案。

（7）提倡新材料、新技术的应用，提倡枯枝、雨水循环利用，提倡病虫害生物、物理防治。

2.2.6 安全隐患消除

（1）组织机构健全，安保人员应统一着装，实行动态巡逻。

（2）重点要害部门应落实技防、物防措施，符合公安部门要求。

（3）园内机械设施（包括园林工具）要保持良好的运行状态，无安全隐患，达到安全标准。操作人员应经过培训，持证上岗，规范操作。

（4）园内不得乱放器材工具，易燃物品、农药、消防设施有专人管理，按规定配置消防器材，有义务消防人员，消防器材完好率100%。备常用药品，有协助紧急救援措施。

（5）园内无火灾事故，安全生产无重大事故，进园车辆符合有关管理规定。

（6）建立安全、保卫岗位责任制，档案资料齐全，每月及时向上级部门填写月报表。

2.3 公园品质提升的原则

2.3.1 尊重历史，保护风貌

改造规划与设计要尊重历史，保护和利用历史性景观，保持公园原有文化特色、风格和基本格局。对于历史名园、保护性公园、特色专类园及

(a) 改造前　　　　　　　　　　　(b) 改造后

图 2-14　上海市鲁迅公园 "饮水器"

重要历史景点等要以保护为主，做到尊重历史，慎重修复，恢复特色。一般性公园的改造要注重公园风格整体协调与统一，做到保留在先，适当调整，提升特色。图 2-14 所示为建于 1929 年的饮水器，原先位于近鲁迅公园与鲁迅纪念馆围墙的角落处，位置偏僻，加上近年来大树根系的影响，饮水器主体已出现开裂破损。为了保护好这一具有历史意义的"文物"，在改造中，将其搬迁至公园中心位置，纪念亭东侧处，并恢复其原有沙滤水功能。

2.3.2　科学规划，协调统一

时代在不断地进步与发展，老旧公园的改造提升需要具有预见性，需要从公园体系视角科学规划。首先，公园规划应以改善和优化城市生态环境为主要目标，通过层次有序、结构分明的公园系统发挥公园整体规模效应，削减城市热岛、污染等环境问题。其次，以合理的服务半径为基础，均匀布局城市公园，就近为居民提供休闲娱乐场地。再次，规划应明确品质重点提升的公园，合理安排改造提升时序，协调统一各类型公园品质提升目标与措施，凸显城市公园体系整体风貌。

2.3.3　生态优先，景观并重

以尊重原生态环境为前提，在保护原有较好生态环境的基础上，营造丰富的生境，达到自然环境可持续发展。坚持以生态学原则为指导进行植物造景，保护现有的植被资源，修复或塑造公园富有特色的生态和植物景观风貌，调整原有不合理的植物配置。种植设计上，要选用地带性植物和自然化设计（图2-15）。

图2-15 上海复兴岛公园植物景观

2.3.4 以人为本，服务大众

改造规划应根据区域规划和功能定位及公园免费开放的要求，进一步完善公园的功能布局。以市民需求为基准点，布局调整要尊重和满足游客休闲、健身、娱乐和文化生活等功能要求，公园设计要尊重人的使用习惯和行为特征，园路设计和设施设置等要注重公园免费开放后，由于游客、人流发生变化而出现的功能性变化和调整。提倡公众参与设计、建设和管理。

2.3.5 持续发展，环保节能

公园提升应倡导低碳景观理念，强调公园在建设和维护过程中的低成本和可持续理念。在"双碳"背景下，城市公园改造可以从减少碳源（通过在建造、使用、维护管理等全周期减少能源消耗等方式）（图2-16）、绿

（a）节能灯

（b）太阳能灯

图2-16 上海黄浦滨江绿地减少碳源措施

化废弃物循环利用（如将公园枯枝落叶粉碎后进行堆肥处理，再利用生成的有机肥改善公园土质）（图2-17）两个层面助力实现"双碳"目标。同时，城市公园应当以全生命周期的视角定量化计算城市公园低碳更新的整个过程，定量监测从更新设计、建造到管理的完整过程，综合考量各个阶段可能出现的碳排放与能源消耗。

（a）粉碎枯枝落叶

（b）绿化废弃物堆肥　　（c）绿化废弃物循环再利用流程

图 2-17　上海市植物园绿化废弃物循环利用措施

第 3 章

公园品质提升的途径

3.1 公园景观品质提升

3.1.1 景观要素

1. 地形和水系改造

地形是公园的骨架，确定了公园的空间格局。地形具有改善小气候、增加绿化面积和丰富生物多样性的生态功能；构成空间主景或背景，引导视线的美学功能；塑造多样的活动空间，丰富活动界面，控制游览速度和游览路线，组织排水等使用功能（图3-1）。

在保留原有地形的基础上，可适当增加微地形，丰富地形空间，利用不同的地形塑造多样的活动空间，如平地、山地、台地，都可供游客进行不同的活动。此外，对公园地形进行局部的微改造，投入小，不涉及地下地上管线和建筑、道路基础设施，能够经济有效地达到雨水资源化的目的（图3-2）。

地形的改造应与水系的改造统筹考虑。水系是公园重要的景观要素，良好的水环境能成为城市公园的一大特色。对于公园水体的改造，首先要改善水质。水体清淤对澄清水质有明显的效果。根据水体的形态和功能对原有水系进行疏导，结合堤、岸、岛、桥等进行综合规划，增加空间层次，丰富水体景观。

结合植物、山石等形成多样的生态驳岸，如卵石驳岸、山石驳岸、水生植物驳岸等，创造自然和谐的水体景观。科学利用水生植物，不仅可以

（a）改造前　　　　　　　　　（b）改造后

图3-1　昆山亭林园平面图

丰富水体景观，还可以净化水质、减少水面污染物等（图3-3）。

上海曲阳公园的水体处理根据公园的特点和生态修复的要求，水体生态修复面积为7847m²。配置生化缸水处理设备35套，紫外线杀菌灯70盏。主要内容包括浮游生物接种与驯化，有益微生物菌种接种和培育，四季常绿改良苦草、轮叶黑藻、小茨藻、菊花藻、小黑藻、刺苦草等适应不同季节生长的沉水植物种植，生态系统优化养护；水体曝气和微循环系统以及水生动物放养等。形成一年四季常绿，且有季节更替的生物群落，构建水体水下森林系统。根据生态系统的功能、水深条件和景观布局，通过黑藻、金鱼藻、眼子菜、苦草、伊乐藻、改良刺苦草、矮化苦草等沉水植物的种植，全面恢复了"水下森林"，净化了水质；还在二级驳岸内种植挺水景观植物，提高了水体的景观效果和生物多样性（图3-4）。

图3-2 昆山亭林园改造中梳理地形水系，打造环山滨水带
——显山扩水，漫天荷香，水映山形

图3-3 深圳香蜜公园局部生态水系

人工用高压水枪冲洗湖底淤泥　　　　挖掘机恢复湖底地形

（a）修复过程

（b）修复后的水体景观

图 3-4　上海曲阳公园

上海闸北公园针对水质富营养化问题，综合运用清淤消毒、安装水处理设备、种植水生植物等技术措施，对西园的水体进行整体表层清淤，并结合海绵城市设计，增加水体过滤、循环、处理等设备系统，对部分损毁驳岸进行加固、修复等处理。利用高效生物净化设备，联合应用"气浮＋生化＋过滤"三种工艺，综合净化原理技术，对从外源补入的水体进行净化，对闸北公园景观水系进行循环处理，去除水中的颗粒物质与藻体，全面改善水质，使水质达到Ⅲ类。按照水生生物物种的选择原则，种植挺水植物（黄菖蒲、旱伞草等）、沉水植物（苦草）。同时，为了降低挺水植物的过度蔓延，在其根系外围用木桩进行分隔（图 3-5）。

图 3-5　改造后的上海闸北公园水系

上海鲁迅公园在全园范围内铺设了灌溉管线和适量的人工取水阀，抽取湖水以满足绿化灌溉和临时取水的需求；将公园应急避险设施之一的深井水放水口与公园雨水井连接，与公园内的大湖直接贯通及时补充湖水，并将虹口足球场顶棚雨水通过管道收集至公园大湖中；在对厕所进行给水排水改造时，将洗手水循环利用至小便池冲洗，实现了资源的重复利用；把大湖溢流口改在与市政雨水管网连接的雨水管中，实现了雨污分流。还对局部易积水区域和新增广场部分增加雨水口，就近排入人工湖。大大节约了自来水的需求量，真正实现了生态环保理念（图 3-6）。

2. 植物景观提升

1）原有植物群落保护利用

对公园植物景观的改造应注重对古树名木和原有植物群落的保护利用。对于林间被游人活动踩踏导致板结的区域，本着以人为本的原则将林下空间改造为活动空间时，应重点保护现有植被，尤其是成形的大树，必要时可以砌筑种植池，以保证现有植被的健康生长。

结合场地功能与光照条件，采用"疏林透光微整容"方式，打开视线，活化林下空间。设计过程中应尊重场地现状条件，充分保留现状长势良好的乔木，林下布置简洁可透水的休息木平台、弯曲流畅的异形挡墙座椅，营造出优美舒适的绿荫休憩空间。

鲁迅公园为保护古树群落,在公园改造的过程中,聘请资深绿化养护技师制定了树木专项保护方案,对园内古树、大树尤其是主干道两侧的大树进行保护性包扎,并对所有园内广场地坪用透气透水的砂土作基础,以最大程度地减少对大树生长的影响。在做好保护的同时,又对公园内的古树及古树后续资源进行了排摸梳理(图3-7)。公园原有5株古树名木,21株古树后续资源,通过改造期间的充分挖掘,及时对28棵古树后续资源进行了保护,形成了鲁迅公园"古树群",品种有木瓜、瓜子黄杨、罗汉松、五针松、银杏等。

图3-6　上海鲁迅公园水体治理工程

图3-7　上海鲁迅公园主干道两侧大树

2)丰富植物的季相变化

疏理整合植物空间序列,注重林冠线和季相的变化,丰富植物景观类型和层次,力争做到"三季有花,四季常绿"。公园的植物景观应注重营造春秋两季景观,适当增加秋色叶树种以及彩叶树种(图3-8)。

(a)春花烂漫　　　　　　　　　　(b)秋色绚烂

图3-8　上海共青森林公园内的植物造景

在传统景点改造中宜配置新优地被植物,丰富景观多样性和植物多样性,提升景点品位。应尽量使用乡土地被植物和植株低矮的地被植物,并兼顾在不同季节的色彩表现。

上海闸北公园在保留大树的基础上,尽量"凿空"林下空间,拉长景深,既让游客的视线更加通透,又能清晰反映出不同树木组成的林下空间的光影效果变化,突出展现公园生态景观的特色。同时,突出园内的种植特色,结合景点增加有特色的植物景观。为营造景点氛围,在保留原有植物的基础上,加植耐阴的如紫薇、八仙花、茶梅、海棠等庭院植物,形成层次分明、色彩丰富的中下层植物景观。沿公园西侧主园路及入口大道两侧,适当增加部分花境景观,增加开花地被,选择时令花卉及观赏度较高的观花观叶宿根植物优化景观。在相邻的丘陵坡地上,种植季节性花卉和球形植物,替代长势凌乱的圆柏,形成下花上乔的两层种植结构。游步道贯穿其中,人游花中,成为最具特色的植物景观。还充分挖掘园内原有花灌木品种,将玉兰、海棠、樱花、石榴等园内植物进行重组,打造不同区域特色。同时,增加牡丹、芍药等中国传统花卉,与中式园林风格相契合(图3-9)。

上海复兴岛公园在改造过程中,以植物造景为手段,通过植物的调整来优化景观,如马槽边种植金边黄杨等遮挡植物,空秃草坪处种植扶芳藤等地被植物;原有香樟林林下补充金叶接骨木、多花筋骨草、花叶活血丹、白

（a）地被花境　　　　　　　　　（b）林下空间

图 3-9　上海闸北公园

图 3-10　上海复兴岛公园树冠下的蕨类地被

及、大吴风草等组成的草药园和耐阴植物园，丰富了植物景观线。园门西南侧有一小草坪，小草坪旁有紫藤亭廊一座，廊东南有土山，西北角有一小池以及一座小土丘，窄而密的小路从"山谷"中穿过。植物以松柏为主，灌木多呈球形，如海桐、大叶黄杨、珊瑚树等；通向公园的西南部的石路把庭园区分成东西两块，路旁遍植樱花，为复兴岛公园一大特色，每逢樱花盛开季节，游人络绎不绝。重点保护公园原有的苔藓、蕨类植物，优化了杨浦区唯一具有蕨类、苔藓地衣的保护空间。还对边缘绿地进行改造，增添了很多宿根花卉，以强化景观效果（图 3-10）。

3）植物群落的密度调整

老旧公园中的植被经过多年生长，普遍存在着过于密集以及种植杂乱的区域。应将过密的植株移栽在园内其他区域，打开林窗，增加空气流通性，以使植株能健康生长。

对于植物群落密度过大的绿地应进行抽稀调整。当不同树种间同层树冠重叠率大于 20% 时，导致植物种间竞争激烈，生长不良，应对绿地开展树木抽稀调整。抽稀一般在保留目标树、抽除干扰树的基础上，按照速生树避让慢生树、弱树避让壮树、灌木避让乔木等的方式实施，并尽量避免间隔、均匀抽稀的方式，避免形成过于规则的种植形式。

抽稀应考虑绿地的近期、中期和远期效果，抽稀强度根据群落郁闭度、树冠重叠率和树冠形状等实际情况而定，如对于球形树冠的树木，保留的相邻植株冠幅间距不低于1.5m，对于塔形树冠的树木，保留的相邻植株冠幅间距不低于1.0m。对影响群落景观的干扰树（生长势弱、树冠受挤压而狭窄或不完整的植株）优先进行抽稀去除，但对一些生长较差的特殊目标树的处理，应根据现场的实际情况灵活掌握，尽量调整其周边环境，以确保其正常生长。

对于受台风暴雨灾害影响较严重、超过绿地人流承载阈值和植物品种选择或配置不当的绿地应进行调整、更替补植。表现为绿地较大面积植株死亡或生长萎缩，表层土壤密实，地表径流明显。日常的正常养护已不能解决这些问题。

受台风暴雨影响较严重的绿地：调整前，在原有绿地基础上，分析受损原因，后根据绿地周边的环境（风口位置、地势等因子），选择合理的树种（不宜用浅根性树种、枝条易折树种、树干柔弱树种），并设计合理的植物群落结构模式进行补植，辅以地形排水，以形成持续的绿地景观。可结合调整，适当增加一些优良的开花色叶类植物，提升绿地景观效果。

人为破坏严重的绿地：完善绿地道路系统，适当增加人员停留空间，增加人员服务设施，如厕所、垃圾箱、鸟笼架等；改良土壤，对形成空秃的绿地，根据原有植物品种的规格进行补植，补植后密度应达到该类群落正常密度的80%左右（小面积纯林景观可适当调整大小，以形成错落有致的景观）。

植物品种选择或配置不当绿地：调整更替原有不合理的植物品种，调整添加一批适生的新优乔灌地被等植物，以适当的密度进行补植，提升绿地景观。

4）植物群落的结构调整

主要适用于植物配置过分简单化的绿地。表现为整块绿地层次单一，栽植过密，景观单调。水平结构单一的纯林形式的绿地种内竞争明显，植株病虫危害严重，出现老小树、病弱树、畸形树等现象；垂直结构单一混交林中生长弱势的个体或群体植株因生态位变化而衰败严重，严重影响绿地景观。

在不影响景观游憩需求的基础上，改变过于单一的群落结构，增植生态习性、观赏特征和季相变化差异较大的植物，对其结构和功能进行优化。具体的措施有：

对水平结构单一的纯林，先去除老小树、病弱树、畸形树，在此基础上进行抽稀，不规则地打开局部林窗，然后配植不同生活型的乔木或灌木，形成常绿、落叶混交林，增加植物群落结构合理度，做到疏密有致；其次，对绿地内的大色块整形灌丛进行优化调整，去除或缩小其应用面积，改良土壤，更新植株，辅以新优适生植物，以灌丛花境的形式提升绿地景观效果。

对垂直结构单一的绿地，先去除衰弱植株，再根据绿地功能和景观效果，局部补种耐阴灌木和耐阴地被植物，以形成合理的植物群落层次结构和活动空间。

3. 景观建筑升级

对公园内具有历史价值的原有建筑秉持"修旧如旧"的基本原则，建筑立面风格和结构形式保持不变。一方面，对房屋内部结构进行检修加固，必要时采取翻修屋面瓦、拆换檐沟、增补屋面防水等措施，解决房屋残损、屋面漏水等问题，提升建筑安全性能；另一方面，根据需求，内部功能可置换为驿站、党群中心、自然教室、茶室等（图3-11）。

4. 园林小品增补

研究表明，公共空间中户外家具的形式对小微公共开放空间的活力有显著影响。家具本身的多样性及其与空间的互动细节设计，有助于提升场地的空间兼容性，更灵活地满足不同使用人群的需求。公园在改造中，除了对原有家具小品进行修缮外，还应结合不同功能需求，设计或选择对应形式的户外家具小品（图3-12、图3-13）。

图 3-11　公园既有建筑功能更新——成都望江楼公园存量建筑改造为"薛涛书斋"和文创专卖店

图 3-12　上海鲁迅公园世界文豪广场

图 3-13　上海复兴岛公园，大门口增加"鸟居"的日式景观元素，两侧增加竹篱笆并恢复了复兴石，营造了日式庭院的入口

图 3-14　上海乐山花园改造中新建的室内外长廊

老旧公园的亭廊等游憩设施原则上应予以保留，对于锈蚀或有危险的设施应进行加固处理以及外部装饰。新建景观亭廊的风格应与原有景观构筑物统一协调，并宜采用新工艺、新材料建造。新建廊架应具有避雨功能，并配有夜间照明（图 3-14）。

3.1.2　布局优化

公园的布局应考虑不同使用人群对公园的需求，重点可从活动场地、游憩设施、服务设施方面对现状进行优化。

1. 活动场地

1）中心活动广场

中心活动广场的面积应与游人使用需求相匹配，广场应尺度适宜。对于现状较为空旷的大广场，可用植被、铺装等作适当的分隔，形成数个尺度与游憩人群数量相适宜的活动空间。

北京昌平天通艺园东北门入口改造面积11475.5m²，原有场地为下沉广场，高差复杂，不利于无障碍使用，排水需人工水泵；面积过大，缺乏空间分隔，且全部处于曝晒之下，舒适性差。改造后填平原下沉广场、理顺竖向，一次性解决无障碍、排水及安全等问题；划分活动场地，提高空间使用效率，满足不同活动功能需求；采用绿岛分隔空间，增加林荫下休憩坐凳，提高使用舒适性（图3-15）。

2）儿童活动场地

公园改造应开辟独立的儿童活动场地，场地设计应考虑家长的看护以及休憩等行为需求。应鼓励建造具有开拓儿童思维的活动设施，如戏沙池、攀爬架等。活动设施鼓励采用可循环利用材料，活动设施场地铺装应采用柔软且具有保护作用的材料。幼儿活动区域应设置一定面积的儿童车摆放区域。兼顾全年龄段儿童的使用需求，在地形、设施高度的处理上考虑残障儿童的使用（图3-16）。

北京东城地坛园外园改造中将现状一处水景调整为儿童碎石坑、趣味护栏形成幼儿区；现状树荫场地调整为趣味木桩、跳远跳高场地等较具挑战的少儿区。用野趣汀步连接两个区，解决高差。设置环形木平台，方便父母休息及看护。外围种植绿篱形成较封闭的场地确保孩子的安全，同时设置三个出入口方便出入（图3-17）。

3）老年活动场地

老年活动场地应考虑动静分区，晒太阳以及棋牌活动场等相对安静区域应与健身舞区域等相对热闹的场地有一定的隔离。

在公园现状自发形成棋牌活动区，宜增设一定数量的棋牌桌凳设施（图3-18）。

东北门休憩场地

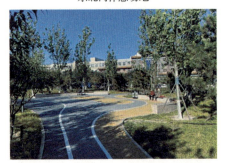

东北门广场铺装

东北门入品 Logo

图3-15 北京昌平天通艺园东北门入口广场改造后

图3-16 上海徐汇乐山绿地儿童活动场地

现状水景改造为儿童活动场

现状树荫场地改造为儿童活动场

图 3-17 北京东城地坛园外园儿童活动场地改造

（a）改造前　　　　　　　　　　　（b）改造后

图 3-18 厦门中山公园林下活动空间

图 3-19　上海中山公园内健身场地　　图 3-20　上海普陀区彩丘园绿地

老年活动场地与最近的公共卫生间的行走距离不应大于 100m。

老年活动场地应符合无障碍设计的要求。

4）户外运动与健身场地

公园绿地也是老百姓户外康体锻炼的绿色场所，每天到公园打打拳练练操已经成为很多老百姓的日常生活习惯，针对此现象，在公园的改造中，可以开辟出专门的场地，场地采用压实的素土或硬地铺装，每处场地的面积不宜大于 300m^2。必须对场地内的乔木进行保护，每株乔木需要留出直径不小于 1.5m 的树池，不能压实（图 3-19）。

面积小于 5hm^2 的社区公园可设置一处素土铺装场地，综合性公园、区域性公园不应超过 3 处。素土铺装场地不应与公园主园路以及主要景点直接相邻，宜相对隐蔽。

慢跑道与步行道在布局中宜时分时合，并与儿童活动场地和篮球、足球运动场地及滑板场地等其他运动场地互不干扰。儿童场地宜采用多种地形、材料和颜色，既规整又变化丰富，如有不同年龄段的活动区，应用适当的措施将它们分隔。

上海普陀区彩丘园绿地所处桃浦河区域呈现"西高南低"的地形，最高的落差大约在 2m，为此，普陀区绿容局在设计该绿地时与外侧道路桥梁坡度相结合，放桥引坡，打造了一块"斜杠"绿地。不过，市民们漫步公园时，并不会明显感受到地形的幅度变化，只有走上儿童乐园旁边的台阶才能感受到设计单位的巧思（图 3-20）。

5）林荫活动广场

对于林地中因游人常年活动而踩秃的林下空间，宜将其改造为林荫活动场地。场地铺装应采用透水、透气性良好的材质，且必须对现有大乔木留出树堰，保证植株的正常生长（图 3-21、图 3-22）。

2. 公共服务设施

公园应根据游人的需求,在活动场地周边或结合景观小品、驿站等设置如直饮水设施、挂衣架、存包柜等便民设施(图3-23)。

图 3-21 上海瀛洲公园林荫活动广场

(a)改造前　　　　　　　　　　　(b)改造后

图 3-22 北京昌平天通艺园改造前后

图 3-23 上海世博公园内的综合服务驿站

(a) 改造前坐轮椅占道严重　　　　　　(b) 改造后轮椅停靠区

图 3-24　北京西城人定湖公园无障碍化改造

图 3-25　上海古猗园内的无障碍设施

将考虑针对老年人、残疾人使用群体的无障碍设施纳入公园的提升范畴，增加公园使用人群的多样性和公平性。如利用无障碍通道而不是台阶消除园路和场地、平台间的高差，在有起伏地形的步道一侧增添扶手（图 3-24）。

公园应根据相关设计标准与规范配套建设足够数量的公共卫生间。卫生间的选址以及内部设施应重点考虑儿童以及老人的特殊需求。外观与材料应与环境协调一致。大型公园、带状公园或体育公园内，宜配置集休憩、饮水、如厕功能为一体的服务型驿站（图 3-25）。

3.1.3　基础设施改善

1. 给水排水系统

公园应构建一套完整的给水排水系统，可结合园路的改造一并进行。改造后公园的景观与灌溉用水水源宜采用市政再生水。但对于古树名木等有特殊保护要求的植被，建议采用金属离子含量更低的清洁水源。园内生活用水应按照相关设计规范满足公园的使用需求。给水管道应采用PVC等造价较低且经久耐用的材质。

老旧公园灌溉系统的改造应综合考虑现状植被的生长情况以及公园植被改造提升设计以计算植被需水量以及选择合适的灌溉方式。公园整体应采用喷灌等节水灌溉技术,但在成熟且较密的片林种植区以及其他不适宜采用喷灌技术的局部区域,可采用人工快接阀的方式,以保证园内植被正常生长。对于园内的珍贵植物以及需特殊养护的植被,可采用精准灌溉技术。

公园自然排水在一年一遇的降雨条件下应达到雨水零排放的要求,即在重现期一年期降雨强度下由园内的绿地及水体消纳全部雨洪。可以采用建造下凹绿地及雨水蓄积池等设施以消纳与利用雨水。

上海植物园,基础设施改造主要包括河道水系改造和给水排水工程改造。水系建设上,把握生态、自然、亲水、景观四大要素,以建设景观生态型河道水系为目标,以自然生态的驳岸结构,更好地展示植物园搜集的水生植物,全面发挥植物园在水生植物科研上的优势,为全面进行水生植物的科普教育提供有力保障。给水排水改建工程,则对原给水主管沿主园路设置的路径进行了调整和优化布局,完成了植物园区内生活给水、消防给水、绿化灌溉给水等各系统的分质给水。园内道路设雨水管道收集,就近排入河道,避免了园内积水;而生活污水则纳入市政污水管网。

2. 电力系统

老旧公园的电力系统改造应根据公园现有实际使用情况合理确定园内所需电量,并兼顾公园远期发展的用电需求。

园内照明宜采用分线路、分区域的方式控制。鼓励采用太阳能、风能等清洁能源为园内照明等用电设施提供电力。

园内电力线路及主园路的照明线路宜埋地敷设,架空线必须采用绝缘线,公园内水、电、燃气等线路布置,不得破坏景观,同时应符合安全、卫生、节约和便于维修的要求。电气管网、配电箱,给水排水管网及配套设施,垃圾存放场及处理设施,应设在相对隐蔽地带。

公共场所的配电箱应加锁,并宜设在非游览地段。园灯接线盒外罩应考虑防护措施。对于目前可以正常使用但又暴露在游客视线当中的配电箱等电力设施,可以通过植被或者装饰构件等加以遮挡。

园林建筑、配电设施的防雷装置应按有关标准执行。园内游乐设备、制高点的护栏等应装置防雷设备或提出相应的管理措施。

3. 道路及停车系统

园路的改造首先应满足游览顺畅的要求，主园路应成环，且应满足无障碍通行的相关要求。在有条件的公园应借助主园路建设和区域绿道相结合的绿道系统。

图 3-26　成都丝路云锦跨线桥航拍（串联金牛公园）

成都金牛公园在改造中为提升出行效率和出行舒适度，在金牛区国宾通道片区建设一条跨线桥，串联片区重点公园，提升片区绿地系统可达性；同时新增 27 号地铁线，提升城市交通服务能力（图 3-26）。

园路宽度和公园出入口根据游人通行量和周边环境进行调整，对于有条件打开的封闭式绿地公园可通过增加出入口或拆除围栏、围墙等形式提高公园开放度（图 3-27）。

图 3-27　上海长风公园将现状线性出入口通道调整为开放式面状空间

改变传统的人行道紧邻市政道形成的笔直单一的线性空间，将人行道适度蜿蜒布置于公园绿地中，在保证步行流畅的前提下，营造漫步于公园的行走体验，使城市和公园有机融合，居民的出行环境更加舒适、安全。

为方便市民穿行，成都金牛公园充分考虑轨道交通位置后调整公园原有入口，通过打造竹林风景线营造舒适通透的林间小路，打造市民"上班的路""回家的路"等服务设施，为后期轨道快速通行系统与公园慢行系统无缝衔接做好充分准备（图 3-28）。

图 3-28　成都金牛公园将园内道路与区域通勤道路串联

停车设施方面，公园应配建足够面积的非机动车停车场，鼓励绿色出行。且选址宜接近公园主要入口处。停车场宜设有遮雨棚。

对于现状机动车停车场应作生态化改造提升，一方面增加林荫树，另一方面应对停车地面铺装进行透水化改造，或沿停车场边缘建造下凹绿地，消纳雨洪。原则上不鼓励大面积扩建机动车停车场，可设植草砖地面等形式的临时停车场，增加节假日期间的停车容量。

4. 标识与导览系统

标识应在园区内形成系统，具有引导、警示功能，其设置应符合《公共信息导向系统 设置原则与要求 第 9 部分：旅游景区》GB/T 15566.9 和《旅游景区公共信息导向系统设置规范》LB/T 013 的规定。园区内标识的设置还应符合下列要求：

（1）园区主要出入口应设置全园平面图，提供园区的综合旅游服务信息及周边公共信息。

（2）园区主要道路交叉口应设置道路导引牌。

（3）在水生植物区域的岸边应设置明显的警示标识。

（4）儿童活动器材、成人健身器材应设置使用铭牌。

（5）危险地段应设置必要的警示、提示标志及安全警戒线。

（6）无障碍标志的设置应符合《无障碍设计规范》GB 50763 中的规定。

标识系统应综合使用平面地理图、箭头、路牌等导示方法，详细展示公园信息，规范英文使用。

标识系统应该和公园的景观相配合，不同的景观应设计不同的导示设施，从而达到与景观的和谐统一，增加观赏价值。

标识系统应该考虑老年人和残障人的需求，可以将文字或图像适当放大比例，在文字（图像）旁边设置语音提示或者盲人触摸字体。

标识系统应综合考虑公园 Logo、主色调或者特有元素，体现公园特色，具有形象识别力。休闲公园的标识系统设计要轻松活泼；儿童公园的标识系统设计则要简单可爱；森林公园的标识系统要贴近自然；遗址公园的标识系统则要尽量体现其人文特色。

通过设置交互式触摸屏幕系统和手持向导设备以及游客自身的智能移动设备，实现景区导航、景点辅助介绍（游客位置智能感知），同时支持景点介绍、路线、相关服务设施等信息浏览、检索。

应用 GPS 技术、二维码技术构建智能解说系统，方便游人使用。系统通过 GPS 定位技术获取游人当前位置数据，然后与存储的景点数据进行循环匹配或者游人扫描二维码标示牌，启动相应的导游解说。同时，系统还可以为游人提供所处位置的实时动态显示、景点预览、游览路线记录与回忆功能。通过 GPS 技术无线数据传输可以进行游人之间的数据交换，共享位置及行进情况（图 3-29）。

图 3-29　上海静安雕塑公园微信公众服务平台上的智能导览

3.2　公园功能完善

3.2.1　防灾避险

公园改造提升应严格遵从城市绿地系统防灾避险规划确定的本公园防灾避险功能要求与建设控制指标规定，合理布局、科学设置，完善并提升城市绿地系统的防灾避险功能。

1. 防灾分级

根据公园的面积大小以及周边城市环境状况，将公园分为中心防灾公园、固定防灾公园以及紧急防灾公园。陆地面积大于 20hm² 以上的公园为中心防灾公园；面积在 10~20hm² 的公园为固定防灾公园；面积在 10hm² 以下的公园为紧急防灾公园。公园防灾避险改造提升应与城市综合防灾体系规划相衔接。

2. 公园场地的避难功能转化

首先应对公园场地自身的安全性进行分析，只有在建筑倒塌范围外，避开高压塔，无洪涝威胁，场地坡度小于 7% 的区域才可划为防灾避险用地。棚宿区的划定宜利用公园的主要活动广场、运动场地、开敞绿地等较为开阔空间。公园绿地承担应急避险功能的区域应远离有毒气体储放地、易燃易爆物或核放射物储放地、高压输变电线路等设施对人身安全可能产生影响的范围，以减少次生灾害的影响。

滞留 2 日以下的紧急避难绿地，人均有效避难面积应大于 $1m^2$；滞留 2~10 日的紧急避难绿地，人均有效避难面积不宜小于 $4m^2$。固定避难绿地和中心避难绿地人均有效避难面积不宜小于 $10m^2$。

园内避险、救援通道走向应明晰，应能够顺畅到达园内所有应急避险区域。

作为避险、救援通道，路面宽度宜大于 4m。公园主路宽度在 4m 以上的可以设置为应急疏散通道，但应避开园桥等构筑物。公园一级主园路宽度不足 4m 的，可以扩建至 4m，作为应急疏散通道。

充分协调公园绿地的应急避险功能与常态功能，合理划分公园绿地的灾时功能分区，明确应急棚宿区的范围。应急棚宿区宜布置在地形、地基条件良好的地区，避开排水困难、地基软弱的地段以及挖填的交界处，应急棚宿区坡度宜控制在 13% 以下。另外，应急棚宿区和应急停机坪不宜设置在低洼区域内，应保证良好的排水，地面表层材料应选择防火型材料。

3. 避难设施改造提升

应急避难设施主要包括：应急指挥中心、应急物资储备设施、应急医疗救护设施、应急供水设施、应急供电设施、应急厕所、应急标识系统等。

老旧公园的防灾避险功能的提升应利用公园现有设施，如公园管理中心可以改造成为具有应急指挥、应急物资储备、应急医疗救护等功能的设施；利用现有公共卫生间，在其周边绿地内可改造建设应急厕所。而应急基础设施，如应急供水、供电等设施的规划应进行科学的计算与合理的布局，充分考虑公园现状，采用满足功能而又经济可行的设计方法。应急标识的设置应清晰而醒目。应急监控系统可结合智慧型公园的建设而进行设置，平日可监控游人流量以及保障游客安全。

3.2.2 雨洪管理

1. 海绵系统

布置草沟、下凹绿地、梯级净化湿地等海绵设施，用来收集场地内部和部分周边市政道路的雨水径流。场地应尽量采用可下渗铺装作为人流的活动场所。主园路面层宜采用透水性材质，如透水砖、透水混凝土等，应采用透

图 3-30　南宁南湖公园雨水花园改造前后

图 3-31　北京东城区地坛园外园现状水池（水体部分）改造为雨水花园

水结构层，并能满足相应的承载要求。园路可结合路边雨水管理设施，把过剩的雨水导流进绿化带中，实现低影响开发。充分利用原有场地的地形、水池等结合雨水花园打造丰富湿生动植物种类（图 3-30、图 3-31）。

2. 生态驳岸

海绵系统可配合驳岸生态改造，将河岸或湖岸改造为"柔性"堤岸，沿湖岸线种植水生植物，运用观赏草和地被花卉，打造缤纷水岸（图 3-32、图 3-33）。

3. 净化湿地

对有地形条件和水处理需求的公园，可设计梯级净化湿地，采用"灰绿"结合的方式将从生活污水中去除的氮、磷等营养物转变为植物生长的肥料，并通过对植物的定期维护和收割让营养流慢下来。

图 3-32　武汉紫阳公园驳岸生态化改造前后

图 3-33　厦门中山公园蓼花溪改造前后

3.2.3　文化服务

1. 健康疗愈

根据注意力恢复理论（Attention Restoration Theory，ART），如果人们所接触到的自然环境具有柔引力——魅力的一种类型——那么他们就能因暂时逃离生活压力而获得远离感。在场地中，可通过地形阻隔和植被遮挡的方式创造具有柔引力的独立小空间，供使用者安静自处，获得休息与放松；保留高大乔木、打通林下视线、丰富竖向植物搭配等都有助于减轻人们在压力下产生的症状；选用具有独特气味的灌木和具有鲜明季相特色的乔木围合静谧空间，以及具有自然之美的本地化材料和柔和的灯光设计都有益于进一步创造疗愈性环境所需条件（图 3-34、图 3-35）。

2. 自然教育

在自然中认知关于自然的事物、现象及过程，目的是认识自然、了解自然、尊重自然，从而形成爱护自然、保护自然的意识形态。随着公众亲近自然意识的增强和自然教育行业的蓬勃发展，城市公园逐渐成为开展自然教育的重要场所。为充分发挥公园的自然教育功能，可从环境设计、解说系统、场地配套和主题活动方面进行提升。

图 3-34　上海植物园中具有疗愈功能的林下空间

图 3-35　上海共青森林公园八仙花园

1）环境设计

创造具有主题特色的植物景观，引导公众深入其中，接触多姿多彩的植物世界，学习植物知识，进而逐渐形成热爱自然的意识；根据"适地适树"原则选择合适的植物材料；此外，植物景观还应包含多层次的植物群落，以此来体现植物景观的生物多样性作用。

上海辰山植物园的城市菜园既是知识传播和实践体验相结合的科普教育平台，又是城市居民与自然亲密接触的窗口，通过参与型的体验，结合观赏性及趣味性，提升人们对蔬菜等经济作物的认识，并为开展以经济作物为主题的教育活动提供完善的场地。城市菜园保留了原四个园子的形式，分别定义了一个主题，分别为"缤纷菜园""休闲菜园""特色菜园"和"田园菜园"。现今，"缤纷菜园"和"特色菜园"已改建完成，游客在这里可与350多种蔬菜和可食用植物亲密接触，一饱眼福（图3-36）。

城市公园的步道在引导游客进行环境观察和环境解说中起到重要作用，可在步道沿线设置解说牌介绍场地的自然环境、气候地理、动植物等知识，

图 3-36　上海辰山植物园城市菜园

图 3-37　成都望江楼公园竹艺景观

且同一条游线上的解说牌在内容上要有一定的逻辑与关联，充分达到环境教育的效果。步道游线的设计一方面要满足游客观赏休憩、康体健身、亲近自然的要求，另一方面也要遵循形式美、体验丰富等原则。在步道的材料选择上也要遵循生态环保理念，尽可能就地取材，体现环境教育的理念。

成都望江楼公园持续推进竹品种引进工作，保持 500 余种竹种质资源优势，营造竹林苍翠、秀色宜人的清幽环境，依托公园竹林背景，完成"花鸟卷"和"黑洞"竹艺景观，模拟民间传统碾米作坊新建水碾房竹艺场景，改造"个苑"竹艺场景，改造拆违增景区域竹艺长廊等，充分体现了望江楼竹文化和竹艺术的魅力。配合汉服文化节，挖掘 20 个古风摄影新场景，打造成为网红打卡点，全方位提升公园文化内涵（图 3-37）。

2）完善解说系统

解说的类型可分为人员解说和媒介解说。公园可培训专职的解说导览人员，以亲切有礼的服务态度及专业的知识、能力与技巧，来为游客提供解说导览服务。此外，也可通过媒介解说，包含提供给游客任何具有咨询性、说明性及教育性的文字、影音或图片等资料，过程中不需经由人的直接沟通，常用的媒介包括手册、折页、报纸、解说牌、展览、视听节目等。另外，对于一些具有科普性质的教育内容，可以设置文字以外的解说载体，诸如在雨水花园中，可视化的生态净水设施、雨水收集装置等景观小品应纳入公园解说系统，增强景观可读性与互动性。

3）配套自然教育教室

除了公园里的室外环境，还可利用公园已有或新建功能性建筑作为自然教育教室，其中可设自然标本馆、科普宣讲片播放室、自然教育活动室、开展科普讲座室等。

自然教育教室应根据不同的环境教育内容和主题创造出不同的形式与类型，如展示生长环境的水/湿生植物种植槽、藤蔓植物生长廊架等；为公众提供良好观察视角的树屋、观鸟亭、温室花房等。景观构筑物所用的材料应当以自然生态的材料为主，如石材、木材、竹材等（图3-38）。

上海辰山植物园的儿童公园中有一组由木材搭建的树屋，孩子们可以在玩耍的同时，观察到不同树木的树皮纹理、树叶形状及果实颜色等，也可观察到其他生物的活动，还可以在树屋中的科普解说中了解环境知识，达到"寓教于游"的教育目的（图3-39）。

4）开展主题活动

各公园根据其公园自然资源的特点，开展自然教育活动。充分以现有资源为基础，以湿地、水、鸟、虫、植物为教学内容，针对不同人群，深入挖掘、开展丰富多样的教育活动（图3-40、表3-1）。

图3-38　扬州运河三湾风景区观鸟长廊和观鸟屋

图3-39　上海辰山植物园中的树屋

图3-40　上海世纪公园蔬菜园种植体验

适合在城市公园中开展的自然教育活动　　　　　　　　　　　　　　　　　　　　　　表 3-1

自然教育类型	活动内容
自然导赏	由专业人士带领，以某种线路或主题进行动植物认知，科普知识，塑造对自然环境、生态系统的科学观念，如湿地生态环境导览、水系动植物导览、观鸟活动等
自然游戏	起源于约瑟夫·可奈尔提出的自然游戏方案，包括攀爬、平衡、搭建等户外自由活动，自然游戏有助于帮助人们接近自然、打开心扉
自然观察	在自然中自由观察、品闻动植物的形态、色彩、触感、气味等，以直接体验的方式建立与自然的联系，同时获取自然知识，提高专注力
自然冥想	于自然中独处，建立人与自然的深层联系
自然艺术	运用手工、摄影、绘画、戏剧、诗歌、音乐、装置等艺术形式进行自然教育活动，刺激感官，培养专注力，激发创造力，建立人与自然的深层联系

3.2.4 生物多样性保护

1. 减少人类活动对生物栖息地的干扰

城市栖息地处于城市生态系统或环境中的生物栖息空间，从用地特征与集中规模来看，城市公园绿地无疑是城市栖息地的重要载体。有别于自然栖息地，城市公园受到周围人类活动影响的程度相对较大，需要综合考虑城市居民的使用需求。在满足游憩功能的基础上，根据人流活动的密集程度采用动静分离的空间布局模式，引导设计在不破坏重要生物栖息空间的前提下，近距离体验生物多样性的价值，提高人们对生物多样性各方面价值的了解和认识。

以鸟类为例，有研究表明，对鸟类的干扰更多体现在空间干扰上，设计需合理处理园内主园路游线和生境之间的距离关系。当栖息地面积小于 $1hm^2$ 时，在利用地形和植被隔离的前提下，游线距离栖息地边界至少 10m；当栖息地面积在 $1\sim5hm^2$ 时，园路游线可局部靠近栖息地，如不使用隔离措施，游线距离栖息地边界至少 50m。隔离措施可选择如种植常绿林地、灌丛、地形变化或扶手栏杆等物理隔离的方式，限制游人在空间上进入栖息地内部。

2. 营建适宜生物栖息的自然环境

营造以乡土植物及土著动物为主体的生物群落。在物种调查的基础上，选用本地潜在自然植被类型作为植被的建设"种源"，同时，进行土著动物栖息地的营造，以实现对小型哺乳动物、鸟类、两栖与爬行类动物及昆虫的招引目的，促进当地动物多样性的提升。

在上海环城绿地洲海路段近自然生命地标生物群落示范地建设过程中，以小型哺乳动物鼩鼱和刺猬等为招引目标，在示范地内随机布置了 10 个大小在 20 m² 左右的引鼩栏和 8 个蝙蝠箱；通过在林地内设置鸟箱，以及在周边河道中安放生态浮床分别招引林鸟和水鸟；在"生态岛"水陆交界的平缓坡岸处设置了不同口径和深度的蛙类繁殖缸，缸内种植水生植物并降低对其周边草本植被的管理，为蛙类提供隐蔽的环境；此外，在水体中树立深浅不一的竹竿，供蜻蜓停栖。示范地建成 1 年后，其乡土植物比例高到 95%，鸟类和昆虫的物种多样性相较于周边地区分别增加了约 30% 和 50%（图 3-41）。

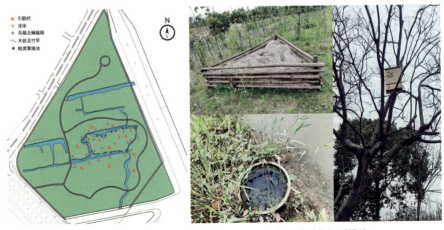

（a）招引设施布点位置示意　　（b）土著动物招引措施

图 3-41　上海环城绿地洲海路段近自然生命地标生物群落示范地

3.3 公园管理服务高效精准

3.3.1 信息化、智能化

在公园中运用"互联网+"的思维和物联网、大数据云计算、移动互联网、信息智能终端等新一代信息技术,对服务、管理、养护过程进行数字化表达、智能化控制和管理,实现与游人互感、互知、互动。具体可通过数据化平台、智能化监管系统和信息化服务系统的建设对公园进行信息化和智能化的改造。

1. 应用智慧管理平台,有效提升公园管理科技化、精细化、集约化水平

上海市智慧公园综合管理系统是在上海智慧城市建设的背景下,提升公园服务水平,推进公园快速发展,提高公园管理效率而建立起来的,针对从市区公园管理部门到公园和社会公众不同用户需求,通过信息化技术和智慧化平台进行公园的信息查看、业务监管、应急处置及志愿者管理等工作。该平台包括:基于GIS的公园分布及生物资源信息系统、公园视频监控系统、治安事件统计系统、游客量统计系统、植物分类名录库系统、病虫害防治系统、应急指挥系统及平台基础管理配置系统。为更好地使用智慧公园综合管理系统平台,及时掌握各公园运营及管理数据,在上海市公园管理事务中心建设了一个市级公园管理平台,监控中心面积约 $40m^2$,设备由 2 台 80 寸 LED 液晶大屏电视机和 4 台操作电脑及相关网络设备组成(图 3-42~图 3-44)。同时,在各区及有条件的公园组建各自公园管理平台,实现各自区域范围内的公园智慧化管理,并与市级公园管理平台联网。

2. 聚焦前沿科技,打造极具创新性的智慧服务体验

智慧服务系统主要面向游客,应用于游客游憩过程中的服务,包括智能导览、景观互动设施、智慧健身、智能科普、智能服务设施等方面。

北京人定湖公园改造中为进一步提升公园的服务质量,解决老年人的数字鸿沟,引入了很多智慧园林设施,如太阳能智慧座椅、智能储物柜、紧急情况一键报警系统等。结合公园监控设备,引入了智慧步道服务系统。

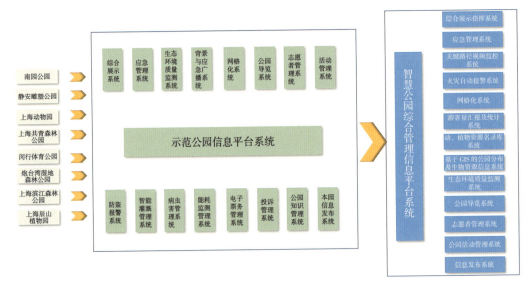

图 3-42　上海智慧公园系统

图 3-43　上海市智慧公园综合管理信息平台系统架构

图 3-44　上海市智慧公园综合管理平台

（a）智能储物柜　　　　　　　　（b）智能座椅

图 3-45　北京人定湖公园智慧便民设施

游客可以通过移动端设备与公园设备互联互通，实时掌握在公园健身活动时的健康数据。结合智慧显示屏幕和导视系统，增加了智慧导游功能。游客可以根据提示，更多地了解公园的游园文化及生态信息（图 3-45）。

3.3.2　制度化

1. 制定并执行公园管理条例

市公园主管部门负责制定本市公园管理条例，明确公园规划和建设要求，公园服务规范和技术养护规范，指导公园管理机构的日常管理服务和养护工作，明确法律责任等。公园管理机构应当履行管理条例中的相应职责。

2. 探索公园社会协同管理制度

城市公园社会协同管理是以政府行政主管部门为管理主体，联动相关政府职能部门、社会组织、企业及志愿者等社会力量共同管理的一种模式。

无论从公共事务的治理过程，还是从城市公园管理的发展历程都可以看出，政府、市场、社会虽然都具有各自突出的优势，但是如果"单打独斗"，就不可避免各自的"神话"破灭。多中心治理理论为公共事务治理提供了新的思维路径，强调政府与非政府机构、私营机构及公众合作，在城市社会中，更强调市民参与的广度、深度和力度，扩大和提高市民参与城市治理的权力，以弥补任何单中心的缺陷。

在多中心治理模式中，作为专门职能机构，政府依然承担着公共事务的政治责任和主要经济责任，即政府通过公园建设和管理的政策和服务标准、目标、原则的制定与监督执行，保证"全心全意为人服务"的宗旨真正落实，保证公园管理质量的不断提升。同时，政府有责任为公园的建设与管理提供基础的财政支持，并培育多元主体共同参与公园管理，将其他经济职能如养护、保洁、保安等实施市场化运作，形成政府"购买服务"模式。政府通过市场化招标，鼓励社会组织来运营、管理和养护，这样不仅能降低成本，而且可以提高经营管理效率。市民与社会组织的主要职能是弥补市场和政府部门的不足，完成市场、企业和政府部门不能或不能有效完成的社会职能。如一些市民与社会组织可以通过自我管理、自我约束、自我服务实现城市公园的和谐发展。

具体可以从三个方面着手：

（1）强化政府相关职能部门的公园协同管理职责，尤其需要明确并落实街道、城管应当承担的公园管理责任。城市公园的行政主体是城市绿化与市容局，执法主体是公安、城管和公园管理人员，责任主体是公园管理负责人、公安执法负责人、城管执法负责人和街道负责人。

（2）深化政府购买服务的条款，由单一的基本维护费用增加社会服务费、专项管理费、生态保护费、文化活动费及建设更新费等，开展特许经营，拓宽公园经费来源渠道，制定社会捐赠、捐助的激励政策，以及各类社会公益组织参与公园管理的激励措施。

（3）推行公园管理职业认证制度，提高公园游憩管理、生态管理的专业化水平。

深圳、广州、北京、武汉、上海等地先后探索公园改革之路，北京市长春苑公园推行绿地管理人模式，公园管理成本大幅下降；深圳提出公园管理中心财务一体、公园企业化运营模式；武汉沙湖提出第三方评估模式，均取得了良好的管理效益。上海提出三位一体模式，公园、社区、志愿者三位一体协同管理，取得了一定的成效，但也存在一些问题，需要进一步探索。

深圳香蜜公园坚持市场化和公益化方向，突出共管共治的理念，凝聚多方力量，形成"公园造福市民，市民服务公园"的格局。采取市场化运作模式，由专业公司负责香蜜公园的管理运营，同时，依托社会组织"公园之友"的核心力量，组建香蜜公园理事会，负责公园重大事项决策，并邀请一批国内公园管理专家、园林园艺专家、卫生环保专家、安全防范专家、体育运营专家等行业领军人物及公众代表作为理事会成员，共同参与公园的监督，形成了"政府引导、市场运作、社会监督"三方共管的公园运营管理新模式（图3-46）。

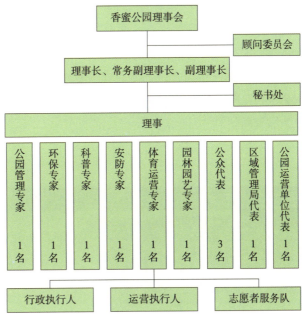

图 3-46　深圳香蜜公园理事会架构

3.3.3　安全技防

人防、物防和技防是安全防范的三个范畴。人防和物防是古已有之的传统防范手段，它们是安全防范的基础。技防的概念是在近代科学技术

(最初是电子报警技术)用于安全防范领域并逐渐形成的一种独立防范手段的过程中所产生的一种新的防范概念,是对人力防范和实体防范在技术手段上的补充和加强。它要融入人力防范和实体防范之中,使人力防范和实体防范在探测、延迟、反应三个基本要素中间不断地增加高科技含量,不断提高探测能力、延迟能力和反应能力,使防范手段真正起到作用,达到预期的目的。

在公园的安全技防手段方面,目前主要依赖于在出入口、人流量较大的重点公共区域和具有安全隐患的区域安装技防系统,达到监测、预警和报警的目的。根据安全对象,可分为自然灾害监测预警、重大事故灾害监测预警、公共卫生事件监测预警、社会安全事件监测预警、生命线系统故障监测预警和生态环境事件监测预警。不同自然和社会条件、类型、规模的公园应在开园前期经过安全风险评估结果设计并确定监测预警的类型和布局数量,并做到及时的更新和维护(图3-47)。

1. 自然灾害监测预警

主要对象包括地质灾害(如地震等)、地貌灾害(如泥石流、滑坡、崩塌等)、气象灾害(如台风、雨涝等)、水文灾害(如洪水、水污染等)、生物灾害和海洋自然灾害等类型。公园除通过园区构建的视频专网及传感器网络进行实时的自然灾害监测预警外,还可以与公园主体外的外网(如国家地震局网站)进行信息的交互共享。

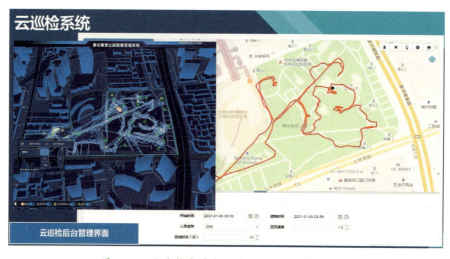

图 3-47 上海静安雕塑公园云巡检后台管理界面

新加坡碧山宏茂桥公园安装了全面的河道检测和水位传感器预警系统、警告灯、警笛和语音通告设备，提供出现大雨或水位升高的预警。沿着河岸也设置了一些警告标志、红色标记和浮标。在大雨将要来临前或者水位上升时，水位到达安全节点，河流检测系统将触发警告灯、警报器和语音通报设备，提醒公园游客远离红色标记区。即使在遭遇特大暴雨时，河里的水也是慢慢填充，所以人们可以轻松地从河边转移至更高的地面。此外，在选定的地方还设置了带浮标的安全线、闭路电视和24小时巡逻侦察队。

2. 重大事故灾害监测预警

主要对象包括交通事故、火灾、电气事故、危化品事故、园区设施损毁事故等类型。公园在重大事故灾害监测预警中，主要结合视频、消防等多元化的信息获取方式，实现对突发重大事故灾害的实时、可靠监测。如火灾监测预警中，利用感烟、感温、光辐射等探测器，能够及时准确地对火灾的发生进行预估报警。

3. 公共卫生事件监测预警

主要对象包括传染病疫情、食品安全事故、中毒事件、群体性不明原因疾病等。随着公共卫生事件防范意识的整体增强，公园对公共卫生的监管力度也应逐渐增加。如通过污水传感器进行景区饮用水的监测，利用视频、文本、传感器设备（如红外热传感器）对游客体温进行监测。

4. 社会安全事件监测预警

主要对象包括群体性踩踏事件、暴力恐怖事件、社会动乱事件、重大社会治安事件等类型。特别是随着近年来公众假日出行人数的增加，园区因容量不足而导致的各种踩踏、挤压事故时有发生。为应对公园人流超负荷安全隐患，通过部署视频及传感器（如红外计数器）网络实时进行客流容量、客流密度、客流位置、客流方向及客流速度等参数的监测。各种安防相关的传感器设备可以针对园区周界围墙内外各种异常情况进行安全防护监视，实现周界监控、禁区防范等功能。除此以外，根据需要应配备必要的游客紧急求助装置，缩短事故发生至救援到达的时间（图3-48）。

上海川沙公园在改造中，新增了公园综合安保系统，包括集成式安全防范系统、闭路电视监控系统、无线巡更系统等，安防系统能够对各子系统数据进行记录和综合管理，分析各种警报信号，并协调控制各安保子系

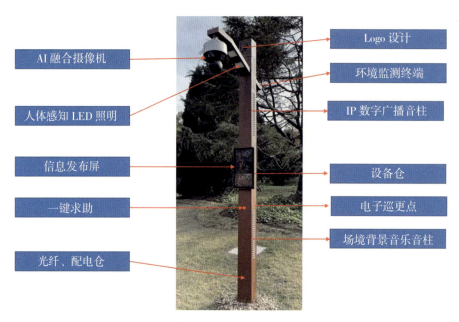

图 3-48　上海共青森林公园带有求助功能的智慧综合杆

统。系统另配有报警联动接口，可与其他各种紧急报警按钮联动，并能通过智能电话拨号设备对接110，方便应急报警，全面提高了公园的安全防范能力。各出入口安装人流自动计数系统，实现游客量统计自动化。同时，全面淘汰和更新东园陈旧、不安全、占地面积大的游乐设施，重新规划布局，设置安全性能好、相对占地面积小的游乐设施，确保运行安全，并安装监控设备对整个运行过程进行管控。

上海静安中兴公园内的安防机器人会自动沿着既定路线巡逻，配有摄像头，能及时发现问题并上传。同时，机器人前部有"紧急求助"按钮，能接受游客的求助，并得到公园工作人员的快递反应和救助。机器人造型可爱，行动缓慢，不会影响到人们的活动。而在夜间人少的时候，能及时发现存在的安保隐患，确保公园内安全、整洁（图 3-49）。

5. 生命线系统故障监测预警

主要包括交通、通信、供水、供电、供气工程等故障。现今人们对园区生命线系统的依赖日益增强，其一旦破坏，造成的功能破坏及次生灾害更强。公园通过视频、文本、传感器设备（如水压传感器、流量传感器、超声波传感器、红外热传感器、漏磁传感器、超声波传感器）等可实现对相关安全事件的监测预警。

图 3-49　上海静安中兴公园内的安防机器人

6. 生态环境事件监测预警

主要是针对各种直接污染和衍生污染行为的安全监测预警，以避免环境污染造成的公众身体损害。生态环境事件监测预警包括大气、水浸、土壤、文物建筑防雷、文物建筑防震、室外陈设损坏、动植物病虫害、温湿度等监测预警类型。

第 4 章

公园品质提升的方法

4.1 城市公园品质提升的设计步骤

4.1.1 场地现状的调查与分析

城市公园的改造与更新是在原有基础上对公园进行调整。对公园的改造与更新的方针必须坚持规划先行，因地制宜，因园而宜。对已建成的公园的改造规划不同于新建公园规划，必须建立在对原有情况的详尽了解与深入分析后，在继承的基础上再谈"从历史走向未来"。因此，在改造规划设计之初，要明确规划的技术路线，充分考虑各种影响要素，从问题导向入手，通过比较定位，确定公园的改造目标与方向，全面、系统地规划与改造。

1. 本地调查

详细了解、调查、分析公园的历史、现状、文脉环境，理解公园原来的设计意图，在充分尊重公园历史和现有物质遗存的基础上，进行适当的改造与调整，以达到提升公园景观品质的目的。

1）现状植被、水体等及其他自然要素调查

已建成的公园最突出的特征是具备一定的植被覆盖，有一定的生态稳定性。绿地更新改造以优化调整为基本原则，结合现状植物情况，优化植物生长空间环境，改善土壤情况，并优化植物观赏特性，营造更加优美的植物景观。优化林下空间，塑造更加舒适、可进入的林荫场地；对既有自然水体应利用生态水处理技术，提升水质，营造健康清澈的自然水体景观（图4-1）。

2）场地内建筑及构筑物调查

积极利用场地内的既有建筑，调查其权属情况，对于不明身份的遗留建筑，可通过公园的改造更新项目，调整为公园内的公共服务设施，赋予其游客中心、服务驿站等建筑功能。

2. 公众使用情况踏勘

对于已建成的公园，需要在实施更新设计前，对公园游客类型、活动习惯进行观察。已建成的公园已经具备一定的空间类型，改造的主要目的在于更高效地利用既有空间，对于利用率不高的场所需要探究具体原因，

图 4-1 公园现状测绘

有针对性地优化调整。对于未建成的存量绿地，需要走访周边居民，整理其对绿地开放空间的诉求。

对园内的游客量、游人构成、活动规律和兴趣爱好进行调查，分析园内不合理或难以满足未来一段时间需求的布局，有针对性地进行调整。

对公园的游人构成进行调查，明确公园的服务对象，以明确对服务对象的改造定位，这是保证公园改造规划定位正确的前提和基础。

使用方式调查，反映了公园使用者的多样化需求，城市公园要满足市民游客休闲、娱乐、健身、社交、观赏等多种功能的使用需求。可通过观察、访谈、问卷等多种形式，了解公园使用人群的各种活动方式和使用需求（图 4-2）。

除问卷和访谈外，还可通过广泛的公众外展服务，如公开会议、现场考察、青年活动和社区艺术项目等吸引市民参与，为公园设计提供参考意见（图 4-3）。

4.1.1.1 需求与问题分析

城市公园使用功能存在的问题是进行公园改造和品质提升的首要原因，在对使用现状的评估中，主要分析公园使用者的使用需求和公园自身提供的功能内容及两者之间的矛盾。

对收集到的公园各类基础资料进行深入研究与分析，对公园方工作人员进行访谈，对公园管理方和游客开展问卷调查，对调查结果进行汇总、统计与分析，发现问题的实质，对公园现状进行总结和归纳，确定老公园存在的矛盾与制约因素。

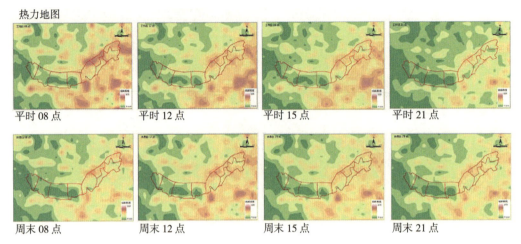

图4-2 上海长风2号绿地改造前空间活力调查（资料来源：移动手机信令数据）

图4-3 厦门中山公园内居民意见收集

4.1.1.2 公园定位分析

基于上述分析论证，明晰存量绿地的主要功能定位、主要服务对象，因地制宜地开展更新改造，把握新增或调整的功能内容的空间尺度，避免过度建设，大面积破坏既有生态格局，并造成财政浪费。

对于城市公园的区位环境的评价，应将公园置于城市这一大的综合体系中，评价与之同构的其他各子系统间的关系，如交通系统、绿地系统等的协调运作程度，还要结合城市居民及观光游人的需求来评价其位置的合理性及舒适性。

如北京柳荫公园在改造前，规划人员调查了区位环境。柳荫公园地处东城区安定门外黄寺大街，周边大多为居住用地，还有一些新建的办公建筑，附近居民可方便地步行到达。公园东门附近的蒋宅口车站有条公交线路，市民可方便抵达。公园周边有柳荫公园、青年湖公园、地坛公园、人定湖公园、双秀公园等各具特色的公园。在充分了解区位环境和区域绿地分布及各自特色的基础上，结合公园自身的特色，将公园改造目标定为延续公园以柳文化为特色的具有"山林野趣、田园风光"风格，充分利用中国古典园林的造景手段来表达柳文化中的诗情画意和深远意境，形成优美的"茅舍疏篱、杨柳堆烟"的田园风光，并改善公园周边区域的生态环境。

4.1.2　设计流程

1. 立项

由项目单位确定项目名称和预算计划，编制项目建议书，上报审批部门。

2. 方案设计

各项目（法人）单位委托设计单位进行改造方案设计。

3. 扩初设计

各项目（法人）单位组织编制项目建议书、工程可行性研究报告和初步设计方案，经所在区县绿化主管部门同意后，按现行项目管理程序报相关部门审批。其中涉及公园布局调整的，应在工程可行性研究报告批复后将公园布局调整方案报市公园行业管理部门，办理行政许可手续。

4.1.3　施工

1. 工程招标投标

根据《中华人民共和国招标投标法》第四十七条："依法必须进行招标的项目，招标人应当自确定中标人之日起十五日内，向有关行政监督部门提交招标投标情况的书面报告"和《中华人民共和国建筑法》第二十一条："建筑工程招标的开标、评标、定标由建设单位依法组织实施，并接受有关行政主管部门的监督"等规定，公园品质提升工程须进行工程招标投标。

各地方也制定有相关的管理办法，如《上海市建设工程招标投标管理办法》第三十八条："依法应当进行招标的工程，招标人应当自确定中标人之日起 15 日之内，向市招标投标办或者区建设行政管理部门提交招标投标情况的书面报告。"第四十条："建设行政管理部门应当对进场交易的建设工程招标投标活动进行严格检查，发现违反法律、法规、规章规定的，应当责令相关当事人暂停招标投标活动，经整改合格后方可继续。市招标投标办、区建设行政管理部门应当按照职责分工建立投诉处理机制，对建设工程招标投标活动进行监督。"

2. 项目施工

由中标单位按照项目实施计划和内容进行施工，并在规定时间内完成项目实施内容，通过工程验收。

3. 竣工验收和审计决算

根据《中华人民共和国建筑法》第六十一条："……建筑工程竣工经验收合格后，方可交付使用；未经验收或者验收不合格的，不得交付使用"和《建设工程质量管理条例》第四十九条："建设单位应当自建设工程竣工验收合格之日起 15 日内，将建设工程竣工验收报告和规划、公安、消防、环保等部门出具的认可文件或者准许使用文件报建设行政主管部门或者其他有关部门备案……"等对工程进行竣工验收。

工程竣工验收是全面考核建设成果、检验设计和施工质量的重要步骤，也是建设项目转入生产和使用的标志。验收合格后，建设单位编制竣工决算，项目正式投入使用。

4. 资料归档

项目完成后，由建设单位组织移交从项目立项到竣工审计的相关资料，依据现行规范《建设工程文件归档规范》GB/T 50328 实现归档；属于重大工程的，还需上报所在市档案馆。

对于公园改造项目，归档材料一般应至少包括立项报告、可行性研究报告和审批意见、专家建议文件、工程许可文件、设计图纸和说明、中标文件、设计合同等在内的立项决策阶段文件，以及监理文件、施工文件、竣工图和竣工验收文件。对涉及道路、管线、绿化改造的项目，归档材料则应根据相关规定出具。

4.2 公园绩效评价

4.2.1 公园座谈及专家评价

1. 基础数据收集

由公园行业管理部门、公园、第三方绩效评价单位召开实施启动会，评价组在会议上对基础表填写内容、填写原则及填写要求进行说明，由公园单位在规定时间内填写基础信息并提交至评价组。评价组在基础数据采集过程中对回收的基础表进行复核，依据基础表填写情况对相关填写对象进行一一重申，以此保证数据提交的完整性。

2. 专家评分

评价组依据重点评价公园所属类型不同，分别设计不同类型公园的专家评分表，并邀约数位绿化行业专家共同前往重点评价公园进行现场座谈及踏勘。公园座谈中由公园主要负责人向绿化行业专家与评价组成员介绍公园改造概况，由绿化行业专家与评价组成员进行相应提问与访谈。

4.2.2 公众参与的使用后评价

使用后评价主要考虑公园使用者，通常是对经过设计后正在使用的公园进行系统评价。在城市公园绿地使用后评价阶段引入公众参与机制，通过建立合法的沟通流程和评价机制、成立专项评估小组，开展问卷调查、实地调研、访谈、网络数据挖掘、移动终端追踪及公众参与地理信息系统等形式广泛征求公众对于公园绿地建成投入使用后的真实感受和整改意见，对获取的资料和数据加以整理和归纳，最后得出使用情况分析报告，有益于城市公园的使用、管理及改造提升研究；以使用者需求为出发点，通过较为深入地分析以往决策或设施的运行情况，从而实现对其满意度的总体评价，可以为未来公园规划管理设计提供指导。

1. 公众参与的使用后评价的四个阶段

1)问题引入阶段

在这一阶段,包括前期准备和研究设计两个步骤。

(1)前期准备:明确研究的目的、深度和范围;进行文献调查和了解类似研究状况,初步掌握评价对象的背景信息;探索性研究,即进行参与性观察和自由访谈,初步了解使用者对空间的利用方式和他们的行为需求。

(2)研究设计:针对研究目标提出研究假设;确定评价层次和类型;确定评价主体范围(公园的相关使用群体);问卷设计,观察方法及工具准备。

2)数据收集及整理阶段

对公园使用者的行为活动进行观察、测量、记录和分析,行为活动的观察内容一般包括个人行为、场所使用方式、人群活动等几类。通过调查获取的第一手资料和各种数据,需要经过整理和归纳以后才能作为调查结论的科学依据。数据整理可以按照如下步骤和方法来进行:首先,对问卷、访谈和活动记录获取的第一手资料和各种数据进行检验,检查调查资料是否完整、正确和有效。其次,按照一定的分组界限,把通过行为记录收集到的数据、封闭式问卷以及 SD 问卷分类整理,以显示不同性别、活动类型、年龄阶段人们在公园中的分布情况,找出公园中相对重要的空间部分,整理出公园的整体使用状况,从而可以看出哪些空间使用过度,哪些空间使用不足。第三,按照完整、系统、简明、集中的原则,根据调查的目的和要求,把分组后的信息数据汇集到相关表格中,对资料进行汇总和编辑,以集中、系统、清晰、明确的形式反映调查对象的总体情况。第四,依据封闭式问卷的选项,制作柱状图,根据性别、年龄、活动类型等进行使用人数,以及使用行为分类的比较,然后确定出哪些是影响公园使用情况的重要因素。依据问卷绘制出公园平均语义差别量表,以了解人们对于各项因子的评价值,了解公园的整体使用情况以及使用者对公园各个功能空间的满意度分布情况。

3)数据分析阶段

依据数据整理得到的各种图表,对使用者的情况、使用情况、公园管理情况、公园效益情况等几个方面进行分析。

(1)对使用者的分析包括使用者的社会构成分析、交通构成分析、行为活动分析、环境意象分析等。

(2)使用情况分析根据汇总的数据、访谈和问卷调查的结果和参与观察的内容,包括:①谁在使用这个公园?他们如何使用这些场地和分区?对照着公园功能空间分布图,仔细地描述这些内容。还有哪些潜在的使用者没有在调查中观察到?②根据数据资料和相关图表,解释出现这种使用情况的原因。③描述出所观察到的实际使用情况与原设计者或公园管理者的意图不符的方面,然后分析出现这样的情形的原因。④公园里哪些景点或设施运行得好,使用率高?为什么会产生这么高的使用率?有哪些方便人们使用的设计措施?⑤哪些地方无人使用或使用率不高?哪些因素被设计人员忽视了?有无设施被误用、被破坏或缺少维护?

(3)公园管理分析是从使用者对公园的满意度出发,对公园环境卫生、公园秩序、设施维护以及公园安全性等方面的意见进行分析,了解公园管理上存在的问题。

(4)公园效益分析是针对公园的经济效益、社会效益和环境效益进行分析和评价,以了解城市公园的整体运行状态以及在城市社会、经济、生活中的整体效应,为公园的规划建设和管理决策提供依据,缩小城市宏观决策者与公园使用者之间的距离,推进城市公园的建设与管理。

4)反馈阶段

这一阶段应将前段的工作成果汇总起来,在上述各方面分析特别是使用分析的基础上找出公园中存在的问题和矛盾,将误用、使用率不足、过度使用、不协调的使用等问题与设计者和管理部门的意图、问卷中的问题以及研究者的观察联系起来考虑。最后,针对这些问题提出设计或管理建议,为今后城市公园的规划、建设、改造和管理提供参考。

2. 公众参与的使用后评价的技术路径

本节梳理了常见的公众参与方法,如:问卷调查、访谈询问、会议交流、主题活动等,以及互联网支持下新技术手段介入后的新型公众参与手段,如:网络数据挖掘、社交媒体互动交流、移动终端追踪、公众参与地理信息系统(PPGIS)等。

1)问卷调查

定义:问卷调查是指为了收集人们对于公园管理规划中某个或多个特定问题的观点或想法等信息而设计一系列问题,并向城市公园使用者、公园建设利益相关者或公园管理者等发放包括这些问题的调查问卷,再进行回收、分析。通过问卷调查,可以了解公众对于城市公园的满意度,以及对未来公园优化提升的愿景,是较为经典的定量与定性结合的公众意愿调查手段。

参与主体：问卷调查一般由调查研究的组织者发起，以设计团队为问卷调查的主要组织者，问卷调查的参与主体主要为公园的使用者，包括公园周边居民、外地游客等。同时，针对问题的不同也要对公园规划管理中的利益相关者、公园管理者以及专家顾问进行问卷调查，了解不同公众参与主体的意见与想法。

调查形式：

（1）根据载体的不同，可分为纸质问卷调查和网络问卷调查。纸质问卷调查就是传统的问卷调查，可通过企事业单位、学校、社区居委会等渠道将纸质问卷发放至受访人群，但这种形式的问卷存在成本比较高、分析与统计结果比较麻烦、样本代表性和内容完成度相对偏低等缺点。网络问卷调查，就是依靠在线调查问卷网站、电子邮件、微信、微博等进行问卷设计、问卷发放、结果分析等。这种方式的优点是无地域限制、成本相对低廉并且可借专业问卷网站自动生成数据统计图表，省时省力；缺点是答卷质量无法保证，并且难以覆盖不使用互联网和智能手机的人群。目前，国内有问卷网、问卷星、调查派等网站可以进行专业的网络问卷调查。

（2）按照问卷填答者的不同，可分为自填式问卷调查和代填式问卷调查。自填式问卷调查，按照问卷传递方式的不同，可分为报刊问卷调查、邮政问卷调查和送发问卷调查。代填式问卷调查，按照与被调查者交谈方式的不同，可分为访问问卷调查和电话问卷调查。这两种方式样本可信度较高，还能取得问卷之外对设计有帮助的信息，但相应地存在费时费力的缺点。可将自填式问卷调查与代填式问卷调查相结合，在设计初期或设计范围较大的情况下采取自填式问卷调查，在设计深化期或使用后评价时范围较小的情况下采取访问问卷调查。

方法优缺点：

（1）优点：适用于各种尺度、各个阶段的城市公园规划管理的公众参与；操作简便，信息量化精准；适用范围广泛，方法灵活、有针对性；成本较低，信息量较大。

（2）缺点：样本代表性具有偏差，存在问题设计盲区；样本数量有限制；样本反映实际的问题存在主观性；过程费时费力，无法获得深入信息。

改进途径：

（1）利用网络数据挖掘等新兴网络技术和纸质问卷，并且获取问卷调查时不方便获取以及问卷调查时问题设计盲区的信息。

（2）问卷调查结合访谈询问、社交媒体互动等方式，深入了解公众的详细、真实想法。

2）访谈询问

定义：在公园规划管理的过程中，对公园使用者、公益组织、专家顾问、开发建设者、政府机构等相关利益群体的访谈问询是公众参与的必不可少的方式。面对面的访谈能够简单地以叙述形式收集多方面较为真实的公众意愿信息。

参与主体：访谈询问面向政府机构、公园使用者、设计团队、开发建设者、专家顾问、公益组织等所有群体，充分了解各类公众参与主体的想法、愿景、意见与建议。

访谈形式：

（1）访谈询问可分为结构性访谈和非结构性访谈。访谈询问的特点是按定向的标准程序进行，通常是采用问卷或调查表，后者指没有定向标准化程序的自由交谈。

（2）根据受访者的多少，可分为个人访谈和团体访谈。在时间、地点和组织形式允许的情况下，可采用团体访谈形式或通过交替发言，促进分享，集思广益，多角度看待问题。

方法优缺点：

（1）优点：适用范围较广，主要适用于区域、社区尺度的城市公园规划管理项目，并且可以在公园规划管理的各种阶段展开；组织及参与门槛低；便于双向交流，信息翔实、深入；弹性大，灵活性强，有利于充分发挥访谈双方的主动性和创造性；能够对细节问题进行有效补充。

（2）缺点：样本数量较少，信息反馈率低；样本代表性弱，存在代表性偏差；信息难以量化，难以进行定量分析；过程费时费力，访谈规模受限，时空覆盖面小。

改进途径：

（1）进行访谈询问前可以进行问卷调查，了解大众的基本需求，同时可扩大样本数量。

（2）可以结合网络媒体等途径进行访谈询问，扩大参与的规模，扩展公众参与的时空覆盖面，同时增加公众参与的透明度。

（3）建立受访者选择机制，合理选择多个公众参与的主体，使样本具有代表性。

3）会议交流

定义：会议是指集合三人以上，围绕共同主题进行信息交流的活动，是一种广泛运用于城市公园规划管理实践中的公众参与的方式。借鉴国内外经验、借力非营利组织、借助互联网渠道，融入公众参与的会议已衍生出众多喜闻乐见、高效完善的组织形式。

参与主体：会议交流面向政府机构、公园使用者、设计团队、开发建设者、专家顾问、公益组织等所有群体，充分了解各类公众参与主体的想法、愿景、意见与建议。

会议形式：

（1）咨询型会议：主要目标是"广纳谏言"，向参与者收集对项目开展、推进、深化、决策有帮助的信息，如与专家学者、政府部门的研讨会和论证会，大型户外或小型室内群众咨询会，座谈会，听证会等。

（2）对话型会议：主要目标是"思想碰撞"，主办者仅额外负责组织协调的工作，在会议上亦作为参与者进行扁平化的沟通、交换意见，例如5~10人参与的小型圆桌会议、15~30人参与的愿景工作坊、30~50人参与的邻里论坛等。

（3）磋商型会议：主要目标是"协商一致"，基于不同立场的观点表达和参与者之间的纷争权衡，实现利益共赢。

方法优缺点：

（1）优点：操作简便灵活，信息翔实、深入；便于多向交流，协调多方利益；程序较为规范，适用于公园规划管理的所有阶段以及所有方面，适用范围广泛；便于集思广益，发挥团队力量，产生更多的方法及更好的决策。

（2）缺点：参与者数量有限，存在代表性偏差；存在从众心理、领导和专家的压力等问题；较耗费时间、人力，参与规模有限。

改进途径：

（1）会议开始前公开遴选公众代表，并按比例分配参与人员名额。

（2）会议流程通过网络直播或录播，公开进行，提升其公开性和可靠性。

（3）会议结果及时通过线上线下相结合的方式进行公示。

4）主题活动

定义：主题活动的形式涵盖主题展览、设计竞赛、开放课程、协同工作坊等，力求通过品牌化、事件化、周期化的策划运营，促进各类群体的深度实践参与，共同运用设计手段解决实际问题。

参与主体：主题活动面向政府机构、公园使用者、设计团队、开发建设者、专家顾问、公益组织等所有群体，充分了解各类公众参与主体的想法、愿景、意见与建议。

活动形式：

（1）主题展览：是指专题形式的展览，它的主题单一、宗旨明确。

（2）设计竞赛：是指由政府、组织或者团体发起的面对一定主题而举办的技术交流、评比的活动。

（3）开放课程：是指由政府、组织或者团体发起的面向大众的可参与课程，能够提升公众对于参与公园规划建设及维护管理的积极性及参与能力。

（4）协同工作坊：是指研究者和设计师通过协同设计工具，例如集体草图、故事讲述、亲和图、草模图、角色体验等方式让一些公众参与能力较低的群体共同参与到规划管理过程中来，激发参与者创造力，引导他们创造新的解决方案，研究者据此收集其提供的创意、需求并获知发展方向。

方法优缺点：

（1）优点：开展形式多样，互动性、趣味性强；信息真实、广泛，促进多方共同参与；通常具有较大的社会影响力，易引起广泛关注；适用于公园规划管理的所有阶段以及所有方面，适用范围广泛。

（2）缺点：过程耗时耗力，组织难度较高；需要参与者的深度配合；部分主题活动对参与者专业要求较高，活动反馈周期长。

改进途径：

（1）可以通过整体策划，将各种类型的活动贯穿于公园规划建设管理的各个阶段，拓展公众参与阶段的全面性。

（2）可以充分发挥志愿者团体、非营利组织的组织管理作用，将其作为规划管理者与群众对接的窗口。

（3）可通过媒体网络途径加大不同主题活动的宣传力度，提升公众参与积极性，将其发展成为具有社会影响力的公园规划营造主题活动。

5）网络数据挖掘

定义：网络数据挖掘通过识别带有地理位置信息的网络用户数据来辨识用户所在的城市或区域，并通过数据处理帮助判定城市公园的空间结构、功能、人群活动及空间喜好特征等，为公园规划管理提供研究资料和科学决策的支持,是城市居民一种"间接式"的公众参与形式。主要是借助爬虫软件(按照设定规则,自动检索和获取互联网数据的计算机程序)来抓取生活服务网站、移动社交软件中包含地理位置、文本、图像、视频内容的用户信息,例如微博、微信数据、签到数据、点评数据等。为获取不同网站、不同形式的数据,需要设计相应的爬虫软件,即设定不同的抓取规则。

参与主体:公园使用者(间接参与),设计团队(研究者)。

实施流程:

(1)明确公众参与的目的(以居民对城市公园的满意度为例),确定需要获取的研究数据内容,如公园的使用情况、公众对公园的意见等,筛选数据获取的平台,因为大众点评网站是我国最早建立的第三方点评平台,可以借助其海量点评信息获取公众对公园的点评意见及等级评价信息。

(2)数据收集与处理。如在大众点评网站(http://www.dianping.com)上对内容进行批量检索,明确采集数据的内容及类型(如坐标、点评数量、星级、文字内容等)并进行网页数据信息采集;测试采集网址,获取采集内容,将获取的网络开放数据保存在本地;对数据进行清洗与处理,删除错误及无用的数据;由于坐标系的不同会导致空间位置无法匹配,因此需要进行坐标系统转换,须将地理坐标转换为平面坐标;将处理好的文件进行预处理,并通过空间分析、空间统计及可视化表达等途径将数据结果呈现出来。

(3)通过分析获取公众对城市公园的空间分布特征、使用特征、热度值的认知以及对公园的评价及意见、建议等内容,并提出建议及措施(图4-4)。

方法优缺点:

(1)优点:操作较灵活,数据收集高效及时,数据更新快;收集公众意见可以不受时间、空间、人力的限制,数据样本量大,更新快,可以较小的成本采集更多的样本,获得更加广泛的公众意见,大大提高规划公众参与的效率。

(2)缺点:数据爬取和分析具有较高的专业门槛,数据清洗较为烦琐,数据的处理方法和处理技术尚处在探索与入门阶段;参与人群有限(仅限具备网络和移动终端操作能力者),样本反映实际问题存在局限性;数据平台本身的设置会对空间信息带来不确定性,用户可能刻意提供不正确或假冒的个人信息或地理坐标;开放数据为非全样本数据,分析结果与实际存

(a) 上海共青森林公园　　　　　　(b) 上海野生动物园

(c) 上海人民公园　　　　　　(d) 上海复兴公园

图 4-4　基于大众点评数据的上海城市公园词频分析结果
（资料来源：picdata.cn）

在一定的偏差；数据收集针对平台的所有数据，参与主体为公园的使用者，无法对参与主体进行具体区分，参与主体具有不明确性。

改进途径：需要经典的共享数据集作为标准对研究方法与结果进行比较；需要显著性以外的检验方式对大量新数据进行方法和结果的比较；需要开放新的经典数据集对同一主题的研究进行可比性分析。

6) 社交媒体互动交流

定义：社交媒体是基于互联网用户关系的信息传播、经验分享和观点交换平台，具有"人人可及、时时互动"的特性。基于社交媒体的公众参与是指在社交媒体平台进行实时的信息发布、意见交换与公众反馈，拓展多元利益主体的沟通渠道，使公众参与行为更长效、便捷、透明。目前，主流的社交媒体包括微博、微信、QQ 以及豆瓣、知乎等 BBS 论坛网站等。

参与主体：政府机构、公园使用者、开发建设者、专家顾问、设计团队、公益组织等所有群体。

参与形式：公众可以通过社交平台表达诉求，提供与决策有关的建议。政府可以搭建起多元主体之间平等对话的交流平台，借此可以实现全过程的公众参与。如在规划建设阶段设计电子调查问卷、愿景设想、方案修改、投票评价等互动模块，在服务管理和使用后评价阶段针对具体的问题进行意见的收集与反馈。政府层面把社交媒体作为联系群众的互动交流平台可以通过开通政府部门的微博、微信公众号或手机 App 应用等形式，通过"自上而下"实时发布官方信息，借助社交媒体征集公众对于城市公园规划管理的建议，使公众可以将社交媒体作为匿名表达意见和维护权利的平台。

方法优缺点：

（1）优点：操作高效、及时，信息真实、广泛；信息传播速度快，参与过程简单、高效，易获得较高的参与度和较大的社会影响力；具有良好的互动性，不受时空限制地进行集体讨论，让个体意见迅速群体化、组织化，形成利益团体；收集公众意见可以不受时间、空间、人力的限制，因此数据样本量大，更新快，可以较小的成本采集更多的样本，获得更加广泛的公众意见，大大提高规划公众参与的效率；信息私密性（网络匿名留言等）较高，信息广泛、真实。

（2）缺点：动态维护投入较大；参与人群有限（仅限具备网络和移动终端操作能力者）；在某些方面存在过度局限于专业圈，缺乏更广泛的普通民众基础的问题；存在数据安全防护问题。

改进途径：普及城市公园规划管理的相关知识，通过互动激发公众参与的兴趣，提高公众在社交媒体平台参与规划管理的能力和素养；依据不同地区的实际需求进行城市规划公众参与。

7）移动终端追踪

定义：公众是移动终端的使用者，同时也是数据和信息的产生者，这些数据信息在匿名的前提下运用于城市公园研究，使用者就成为间接参与城市公园规划管理的个体。

参与主体：公园使用者（间接参与），设计团队（研究者）。

参与形式：公众通过移动终端的使用进行公众参与。可记录时空轨迹信息的移动终端主要包括智能手机、公交 IC 刷卡设备、出租车等运营运输车辆配备的 GPS 导航仪。其中，以智能手机为载体的出行时空轨迹，不仅可以借助通信运营商的手机信令基站获取，还可以通过高德地图导航、滴滴打车、摩拜单车等移动出行软件记录。

方法优缺点：

（1）优点：所有移动终端的使用者都是间接参与个体，因而样本来源广泛，样本容量大，数据收集时间短，数据可以持续更新且调查范围可以按照需求灵活选择；数据具有连续性和实时性；数据的时间信息和定位信息准确，空间上能够粗颗粒表明用户所在的位置。

（2）缺点：数据开放程度较低，数据获取有难度；数据清洗较为烦琐，数据处理与分析需要较高的专业技术知识；样本代表特定的群体（仅限具备移动终端操作能力者），存在一定偏差；数据种类比较单一，仅适合居民时空位置信息及轨迹的获取；数据的收集受当前条件和技术的制约，如手机信令数据与通信基站。

改进途径：采集样本应根据项目尺度等的不同确定合适的数量，并通过正规渠道获取（如购买）；样本数量决定了数据的有效性和全面性，样本数量要全面、客观；提高委托的专职技术人员数据获取和分析能力；样本需要一定的时空覆盖面（如早中晚等不同时段、不同位置信息等），也需要与其他传统参与方式配合，提高其全面性。

8）公众参与地理信息系统

定义：公众参与地理信息系统（Public Participation GIS，PPGIS）是一种基于 GIS 技术的、新兴的公众参与途径，具有互动性与信息传递有效性高、使用便利、过程可视化等优点。公众参与式地图绘制（Participatory Mapping）是 PPGIS 应用中公众参与的主要方法，公众与专家、管理方可以通过图形、文字的方式学习、讨论，交换信息、反馈意见。在公园管理、改造提升或使用后评价等环节，公众可以通过 PPGIS 系统平台进行交互式制图，在地图上的特定空间标注自己在此进行的活动、对该场地的看法与意见等信息。根据 PPGIS 收集的公众意见，可识别特定环境下公众在公园中的日常行为模式和活动类别，了解公众对场地质量、价值、环境的认知与偏好，解读公众对公园管理、改造工作的评价与期望，从而为公园管理与保护更新提供参考（图 4-5）。

参与主体：PPGIS 的适用对象是所有公众，在公园管理、改造提升或使用后评价等环节，参与主体包含规划设计与环境保护等学科的专家、公园

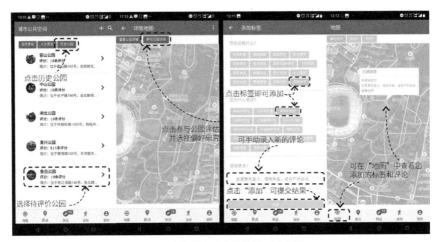

(a) PPGIS 在线研究平台操作界面示意图

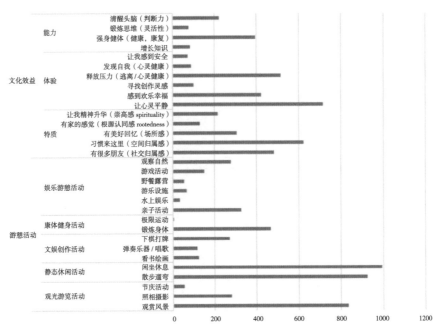

(b) 上海 12 个近代公园的公众游憩偏好 PPGIS 标签条形统计图

图 4-5 基于 PPGIS 的城市公园公众偏好研究

政策制定与管理方、公园使用者（例如，周边居民、游客）、受到公园项目影响的团体或个人（例如，公园改造的投资方、施工方）等多方利益相关者。一般由调查研究的组织者发起；在公众对于特定研究问题有强烈诉求，需要向政府、专家、管理方等传达意见时，也可由公众自发组织进行。

调查形式：在公园管理、改造提升或使用后评价等环节，PPGIS 常用的公众参与式地图绘制方法包括：

（1）Paper GIS，调查人员为参与者提供适当比例的研究区域纸质地图和贴纸点，参与者直接在地图上进行标记。调查过程中，调查人员可以及时对参与者进行解释说明与有效指导。

（2）基于在线地图的参与式制图：参与者在手机、电脑等电子设备上，基于高德地图等在线平台的地图数据参与制图。参与者可以自由调整地图比例和视图，调查过程更加便捷、高效；调查所得标注信息的地理位置更为准确。调查人员需要为参与者提供详尽的操作说明。公众参与调查的形式包括：采访——通常需要调查人员到研究现场，邀请公众参与调查。工作坊——邀请参与者聚集在一起共同完成制图，可不在研究现场进行。网络参与——通过网络平台发布调查信息，参与者登录PPGIS信息平台并按照步骤说明进行制图。可不在研究现场进行。采用采访或工作坊的形式进行调查时，采用纸质地图或在线地图均可；网络参与需要使用在线地图。三种调查形式都需要参与者在调查人员（或操作说明）的协助下，在地图上标注自己对于相应位置的看法、意见等信息，根据调研需求提供身份、对场地的认知等信息。

方法优缺点：

（1）优点：互动性与信息传递有效性高，使用便利，过程可视化，针对性与时效性较强；公园管理、改造提升或使用后评价等各阶段均可开展研究，数据的系统性较强；适用于各种类型与尺度的公园，能满足多种研究需求，适宜于所有公众，数据的覆盖面广；有效提升了公众参与力度，可以在较为合理的预算下，相对较快地获取足够的研究数据；研究结果为地图的形式，公众意见的空间指向性较强，有助于将公众意见转化为指导公园管理、改造提升工作的依据和策略。

（2）缺点：网络访问的不平等导致基于网络地图的PPGIS调研方法存在"数字鸿沟"，可能在一定程度上影响研究结果；调研结果易受到制图方法、制图工具的影响，对调研人员素质和参与者的识图、制图能力等要求较高；空间数据可能具有误差，因为PPGIS的许多变量（例如娱乐体验）适用于各种风景，调研人员无法判断参与者是否将标签放置在准确的位置。

改进途径：

（1）通过线上与线下结合调查，问卷、访谈与参与式制图相结合的形式，依据参与主体的特征，针对性地选择合适的制图方式和调查形式，降低参与主体个体识图、制图能力差异的影响，弥合网络访问公平性带来的"数字鸿沟"，提高公众参与度。

（2）明确研究目的和场地特征，在制定公众参与制图的信息因子时，尽量选取参与者有意愿、有能力提供，且能够直接或间接影响决策的变量，并将制图信息因子转化为公众易于理解的表达形式。

（3）对调查范围的利益相关者人口构成进行预调研，调查过程中有意识地针对研究所需各类人群取样，保证参与研究样本的代表性与全面性。

（4）数据分析时，通过设置缓冲区的方式管理潜在的空间误差（表4-1）。

公众参与技术途径　　　　　　　　　　　　　　　　　　　　　　　表4-1

公众参与阶段		收集信息类型（从管理者角度出发）公众参与目的（从参与主体角度出发）	公众参与途径							
			问卷调查	访谈询问	会议交流	主题活动	社交网络数据挖掘		移动终端追踪	公众参与地理信息系统（PPGIS）
							网络数据挖掘	社交媒体互动交流		
公园规划建设阶段	前期调查（包括问题引入、收集数据和实际踏勘）	潜在使用人群组成（包括人群身份、民族、性别、年龄、教育程度、职业等）	●	○	—	—	—	—	—	—
		潜在使用人群行为习惯（包括到场频次、停留时间、停留原因、行走路线等）	●	●	—	—	○	○	●	○
		人流量及人口密集程度（辅助确定公园的游人容量）	—	—	—	—	○	○	●	○
		不同人群（附近居民、潜在使用者及其他利益相关者或对公园建设感兴趣的人）对场地的需求及愿景构想	○	●	●	○	●	●	—	○
		场地原有各类空间使用情况	●	●	●	○	●	●	○	●
		场地原来存在的主要活动类型	●	●	●	●	●	●	—	○
		场地现存的优势及问题	○	●	●	●	●	●	—	○
		其他需要深入了解的经济水平、历史文化、风俗习惯、行为忌讳等信息	○	●	●	●	●	●	—	—

续表

公众参与阶段		收集信息类型（从管理者角度出发）公众参与目的（从参与主体角度出发）	公众参与途径							
			问卷调查	访谈询问	会议交流	主题活动	社交网络数据挖掘		移动终端追踪	公众参与地理信息系统（PPGIS）
							网络数据挖掘	社交媒体互动交流		
公园规划建设阶段	中期研究（包括分析构想、探讨比较、深化调整）	公众行为数据（辅助探索公园规划建设的各种可能）	○	—	—	—	●	○	●	○
		公众对不同规划建设方案的比较意见及评价	●	●	●	●	●	●	—	—
		公众意见的重视及反馈情况	●	●	●	○	○	○	—	—
		初步意向发布平台搭建（例如公园综合服务网络管理平台等）及其关注度	○	○	○	●	●	●	—	—
		不同利益群体间的利益协调情况	○	●	●	—	○	●	—	—
		不同方案的可行性及市场接纳度	●	●	●	●	●	●	—	—
	后期决策（包括评审反馈、确立方案、发布实施）	公众对规划方案进程的了解程度	●	●	●	●	●	●	—	—
		不同参与主体对待实施规划建设方案的意见及评价	●	●	●	●	○	○	—	—
		公众对后期实施的需求及期望	○	●	●	●	●	●	—	○
		公众在前期及中期提出的建议等是否得到落实和反馈	●	●	●	○	○	○	—	—
		规划成果发布平台（例如公园综合服务网络管理平台等）搭建情况	○	○	○	●	●	●	—	—
		是否具备长效的公众参与、监督保障途径及机制	●	○	○	—	○	○	—	—
公园服务管理阶段	日常服务管理	公园整体人流量及不同区域、不同时段人流量	—	—	—	—	○	○	●	●
		公园整体使用评价及不同区域、不同时段使用评价	●	●	●	○	●	●	—	●

续表

公众参与阶段		收集信息类型（从管理者角度出发）公众参与目的（从参与主体角度出发）	公众参与途径							
			问卷调查	访谈询问	会议交流	主题活动	社交网络数据挖掘		移动终端追踪	公众参与地理信息系统（PPGIS）
							网络数据挖掘	社交媒体互动交流		
公园服务管理阶段	日常服务管理	公共设施使用情况（包括休憩设施、照明设施、无障碍设施、消防设施、安保设施等）	●	○	○	○	●	●	—	○
		公园环境情况（包括植被养护、标识系统等）	●	●	○	○	●	●	—	○
		信息告示情况（包括信息公示、投诉渠道等）	●	○	○	○	●	●	—	○
		游园便捷度情况（包括引导措施、管理情况等）	●	●	○	○	●	●	○	○
		公园服务情况（包括服务手段、服务态度、服务渠道等）	●	●	○	○	●	●	●	○
		公益事业，志愿者活动组织情况	●	○	○	○	○	●	—	—
		其他公众参与、监督途径保障情况	●	○	●	○	●	●	—	—
		公众对公园整体服务管理的评价及参与积极性	●	●	○	●	●	●	—	○
		其他公众需求及更新提升意见	○	●	●	●	●	●	—	●
	使用后评价	游客基本信息（A类：包括身份、性别、年龄、教育程度、职业、月收入等）	●	○	—	—	—	—	—	—
		游客基本信息（B类：入园时间、停留时间、来园方式等）	●	●	—	—	○	○	●	○
		视线及道路满意度	●	○	○	—	●	○	—	●
		活动场地满意度	●	○	○	—	●	○	—	○

续表

公众参与阶段		收集信息类型 （从管理者角度出发） 公众参与目的 （从参与主体角度出发）	公众参与途径							
			问卷调查	访谈询问	会议交流	主题活动	社交网络数据挖掘		移动终端追踪	公众参与地理信息系统（PPGIS）
							网络数据挖掘	社交媒体互动交流		
公园服务管理阶段	使用后评价	配套设施满意度	●	○	○	—	●	○	—	○
		卫生满意度	●	○	○	—	●	○	—	○
		绿化美观满意度	●	○	○	—	●	○	—	○
		水体景观效果满意度	●	○	○	—	●	○	—	○
		遮阳及照明满意度	●	○	○	—	●	○	—	○
		噪声情况满意度	●	○	○	—	●	○	—	○
		商业项目运行情况满意度	●	○	○	—	●	○	—	○
		公园整体气氛满意度	●	○	○	○	●	●	—	○
		综合品质满意度	●	○	○	—	●	●	—	○
		其他补充的主观评价	○	●	●	●	○	●	—	●

注：●表示适用，○表示可用但不是最佳，—表示一般不可用。
总结：
　　如果要获得样本量较大，可用于定量分析的信息，适宜使用问卷调查、网络数据挖掘的参与方式。
　　如果要获得较为主观，深入、翔实的需求或评价信息，适宜使用访谈询问、会议交流、社交媒体互动交流的参与方式。
　　如果需要了解不同参与主体意见，促进多方交流协商，适宜使用会议交流、主题活动的参与方式。
　　如果要获得与特定时段/区域游人数量、游览路线等时空相关的信息，适宜使用移动终端追踪、公众参与地理信息系统（PPGIS）的参与方式。
　　如果希望扩大参与范围，获得较大的社会影响力，适宜使用主题活动、社交媒体互动交流的参与方式。
　　如遇参与者主动性、积极性不高或时间有限等问题，又希望获得较大的样本量时，可采用网络数据挖掘、移动终端追踪等间接参与方式，发挥公众"非知情式参与"的作用。

4.3 可持续后期运营与维护

公园运营模式通常分为三种类型：一是由城市财政城建资金承担建设和维护投资模式。该资金全额承担公园建设和维护投资，对于建成区内规划公园进行全面的改造和维护提升由政府统一组织方案论证和投资，公园建成后归公园行政管理部门管理。二是通过经营权转让模式。园林绿化行政主管部门保留公用设施所有权，通过经营权转让等方式筹集公园建设和维护资金，社会资本在有效的年份内享有用益权的合作模式。此模式减轻了政府投资的资金压力，加快了公园管理的市场化进程，是一项改革，也是公园管理模式转变的重要过程。三是以市场为导向的公众模式。依靠公共部门和私人部门利用非营利性质项目研究制定公共产品市场化的定价、补偿、调整政策，通过政府和社会资本分担，有利于形成风险共担、利益共享的工作机制。城市公园是与公众生活关联最为密切的物质单元之一。社会公众的参与将有助于形成公园物质空间与人文空间品质提升的共识，同时，还将成为公园后期管理及可持续发展的重要基础。从"政府主导，强势推动"转为"政府主导，社会公众多元参与"模式，将有助于城市公园可持续运营。

政府从强势行政干预回归公共服务职能，在不违背公众权益的基础上，可以考虑设置一定比例的有助于居民生活的经营项目，拓宽公园运营融资渠道，形成可持续的资金投入机制。同时，政府通过组织各方力量进行协商对话，为多元主体广泛参与提供制度保障，并整合社会资源使城市公园运营更加贴合人民生活。以促进主体多元、社会合作等价值观念的培养以及城市居民的主体精神、文化再造和参与能力的养成，进而推动形成政府部门、社会资本、社区组织等多元主体相整合的可持续公园运营机制。

除此，面对当前公园存在的决策主体单一、反馈机制不完善等问题，政府作为公园管理的主导应积极调动居民的参与积极性和参与能力，逐步强化社区居民在管理过程中的决策性。建立以政府，协同居民、居委会、设计师等多元主体共同参与的长效管理机制，打通自下而上的沟通途径，把握公众日益多元、个性的发展诉求。面对城市公园出现的具体问题，形成以"政府与居委会辅助,设计师与居民自组织维护"的方式进行空间维护,并以此为基础制定公园场所公约,搭建多方沟通参与平台(图4-6)。

以居民广泛参与为基础的公园管理机制,在提升公园原有物理空间利用率,改善公园环境品质的同时,还增强了公众与公园的情感联系,激发了内在参与热情,帮助推进公园常态持续发展,有利于我国社会治理转型的尝试与探索。

图4-6 上海百草园营造过程中的公众参与

第 5 章

公园品质提升典型案例集

5.1 综合公园

5.1.1 上海鲁迅公园

1. 公园概况

鲁迅公园原名虹口公园，位于上海市虹口区，东临甜爱路，南毗四川北路，西连东江湾路，北接大连西路，占地22.37hm^2。始建于清光绪二十二年（1896年），由公共租界的工部局的靶子场扩建而成，当时名为"虹口娱乐场"，是一座英式园林风格的公园，也是中国第一个体育公园。1922年，"虹口娱乐场"改名为"虹口公园"。1956年虹口公园进行了重新规划改建，建造了鲁迅墓园、鲁迅纪念馆、鲁迅纪念亭，并于当年将鲁迅先生灵柩自万国公墓迁葬至公园内，墓穴后照壁式大墓碑上为毛泽东手书的"鲁迅先生之墓"，自此改建后的公园确定为"纪念性的文化休息公园"。1989年，正式更名为"鲁迅公园"。园内，有国家级首批文物保护单位鲁迅墓、萧传玖大师制作的鲁迅坐像、鲁迅纪念馆，中日友好钟座、震撼近代史的尹奉吉义举（在虹口公园炸死侵华日军总司令白川义则）纪念地梅园。公园的建筑以江南民居形式为基调，整体布局上，既保留英国自然风景园的魅力，又鲜明地展现中国古典园林的传统风格。因其浓厚的历史文化再加上优美的景色，吸引了大量游客前来参观游玩，年接待游客量达1000万人次。

这样一座具有百年历史的城市公园，由于建造年代久远，超负荷运转，公园的休闲活动功能、基础设施和整体环境已经远不能满足现代社会发展的需要，为此在前期做了充分的准备工作后，于2013年8月28日至2014年8月27日正式启动了鲁迅公园景观改造。

鲁迅公园改造秉承尊重历史文脉，重现园林风韵的理念，坚持历史与现代和谐发展，注重"修旧如旧"的改造理念，挖掘公园的历史人文资源，展现生态效应与景观效应，同时合理运用新的理念、新的手法、新的技术与新的元素，打造百年老园风貌。

2. 公园品质提升要点

1）以人为本，完善基础设施

如图 5-1 所示，公园的道路地坪、各类管线、建筑小品、标识标牌、园椅园灯都得到了更新和改造，新增了免费 Wi-Fi、无障碍设施、监控统计设备、应急避险功能等，全面提升了公园的服务和景观质量。本轮改造中利用公园原有的大草坪（图 5-2），建立了虹口区最大的一个应急避险场所，可供 4000 人同时避险。进行了应急供水、应急供电、给水排水系统改造，竖立了应急避难标志，并结合绿地改造，优化植物配置，对日常状态下的应急设施进行了景观上的美化处理，做到了平灾结合。

2）发掘历史，提升文化内涵

入口空间改造——鲁迅公园南门毗邻四川北路，是游客进出公园最频繁的出入口，本次公园改造就从南入口广场拉开序幕，结合园艺特色、历史脉络、文化主题、游客需求，打造了鲁迅公园主入口大道及群众文化广场。进入 20 世纪初建造的大门，其内一条林荫大道通往舞台，十株高大的悬铃木矗立两侧，犹如时光穿梭，带大家进入 20 世纪初。林荫道的尽头是一座弧形舞台，舞台背景是一座能集中体现以公园文化历史、自然风光为主题的景墙（图 5-3），公园重大历史事件罗列于景墙两侧。该景墙采用石

（a）健身苑改造前

（b）健身苑改造后

（c）健身步道改造前

（d）健身步道改造后

图 5-1　上海鲁迅公园基础设施改造前后对比图

图 5-2　上海鲁迅公园大草坪兼应急避险场所　　图 5-3　上海鲁迅公园舞台景墙

（a）改造前　　　　　　　　　　　　（b）改造后

图 5-4　上海鲁迅公园南门广场改造前后图

材与仿古铜相结合的材质,既有古朴的感觉,又有时代感。还对南门广场高低不平的地坪进行了改造（图 5-4）,精心挑选原广场规格一致、平整度高、色彩统一的旧石材,镶嵌新石材拼铺出一定的图案,使整个广场感觉更为大气,既有历史感、稳重感,又不失活泼感、新鲜感,同时还因其平整度高而解决了原先的游客活动安全隐患。

　　重现砂滤水——鲁迅公园是全国最早的体育公园,公园曾经设置多处砂滤水取水点,这对于饮用井水、河水的年代而言,实在是比较高级之物。随着时代的变迁,公园内现仅存一座砂滤水设施,有着浓浓的英伦风格。据记载,这个饮水器建于 1929 年,位于鲁迅公园与鲁迅纪念馆围墙的角落处,位置非常偏僻,其饮水功能也早已失去,已成为一个具有历史意义的景点。由于近年来大树根系的影响,饮水器主体已出现开裂破损。为了保护好这一具有历史意义的"文物",在改造中,确实花了很大的工夫。首先,是考虑移位,将其搬迁至公园主干道一侧,即鲁迅纪念亭东侧处,每一块石材均须原样拼装;其次,引入了"直饮水"技术,恢复饮水器原有的饮水功能;第三,多处寻觅饮水器水龙头,再现饮水器英式风姿,这个过程比较坎坷,通过《新民晚报》征集,建材市场寻找,各方打听,最后终于由市民提供了一只购自英国的水龙头,最终完成了饮水器的修复,公

（a）改造前　　　　　　　　　（b）改造后

图 5-5　上海鲁迅公园饮水器改造前后图

园重现"砂滤水"。迁址后的饮水器（图 5-5），集历史价值与使用功能为一体，发挥出了更大的价值。砂滤水饮水机的移位重现，既增加了公园的文化底蕴，又成了红极一时的网红打卡点。

3）强化主题，打造园艺特色

具有百年历史的鲁迅公园现有 5 株古树名木，21 株古树后续资源。在本次改造中，除了保护好原有古树及后续资源外，公园对现有大树进行了梳理统计，挖掘与保护园内见证着公园发展历史的古树后续资源 12 株，打造鲁迅公园"古树群"特色。

鲁迅公园历来是赏樱胜地，以观赏价值最高的染井吉野为主。为强化赏樱这一传统特色，在公园改造中，增加了樱花的品种与数量。在"中日友好钟座"区域增加了 20 个品种 300 多株樱花，最为亮眼的就是在公园西南角增种的染井吉野樱，现如今已成为本市赏樱绝佳处，浪漫樱花季，赏樱者无数，樱花的美，让游客流连忘返。因地铁 8 号线 1 号口毗邻此处，被称为上海最美地铁口，成为网红地铁口。此外，梅花是公园的另一大特色，是中华民族与中国的精神象征。为此，在纪念抗日义士尹奉吉（号梅轩）的梅园内增加了 20 个品种 300 余株梅花，以"坚强、高雅"的梅花，来象征坚韧不拔、不屈不挠、奋勇当先、自强不息的精神品质，以进一步凸显"梅园"主题。在松竹梅园设置了休憩广场，在广场的西面新建了一小型竹园，竹园以云片石作隔断，分区块种植了 17 种 2500 根竹子，包括毛竹、黄金嵌碧玉、佛肚竹、紫竹等，堪称小型"竹博览会"（图 5-6）。

4）绿色环保，实现生态理念

社会的可持续发展离不开生态环保理念的运用，为此，在对厕所进行

(a) 樱花林　　　　　　　　　　　　(b) 梅园

(c) 竹园

图 5-6　上海鲁迅公园主题植物园

给水排水改造时，将洗手水循环利用至小便池冲洗，实现了资源的重复利用。改造时又将虹口足球场顶棚雨水通过管道收集至公园大湖中，同时，对公园应急避险设施之一的深井水放水口与公园雨水井连接，在定期进行深井水更新循环时，多余的水能直接进入公园大湖，进一步补充湖水。在确保湖水充足的情况下，又在全园范围内铺设了灌溉管线和适量的人工取水阀，抽取湖水以满足绿化灌溉和临时取水的需求。当然，在排水系统方面也不能马虎，把大湖溢流口改在与市政雨水管网连接的雨水管中，实现了雨污分流。还对局部易积水区域和新增广场部分增加雨水口，就近排入人工湖。这一系列措施的实现，大大节约了自来水的需求量，真正实现了生态环保理念。

5.1.2　深圳四海公园

1. 公园概况

四海公园位于深圳市南山区公园路，始建于1987年，园地总面积为135501m^2，其中水体面积38000多平方米，是南山区蛇口片区最早建设的公园，得益于管理单位开放的理念，公园不设门票，且提供各式各样当时前沿的休闲游乐设施，因此其建成后便成为当地群众日常休闲娱乐、文化交流的社区中心，从公园的层面上理解，第一次诠释了开放的意义。公园的主要建筑和景点共有 13 处，点缀中国传统的亭、榭、廊、桥、石、滩，形成具有岭南风格的园林。

四海公园处在快速迭代的都市中心，历经 30 年，公园在城市的飞速发展中逐渐老去，现今老旧的设施、脱节的功能、沉闷的景观，已难以满足现代都市人对公园的使用需求，改造或重建已成为公园存活发展，满足居民、游客游园需求的出路。2020 年四海公园提升改造后再次开放，为周边的市民提供了优质的生活居住环境和文化乐土，保留了一代人对改革开放珍贵的青春记忆。

2. 公园品质提升要点

（1）构建公园的开放边界，连接城市脉络。通过边界的游园空间形成流动的区域，承载街道的活动。公园改造后，打开了城市边界，增加了"边界厚度"，完善了城市慢行系统，把公园与社区深刻地交融在一起，模糊了城市与公园的边界，相互穿插与渗透（图5-7）。

（2）传承公园文化，保留场所精神。对于公园内留存时代记忆的传统构筑物，以"谦虚介入"的手法进行翻新，既保留原有的活动与情节，也植入了新的弹性空间，以顺应未来不断更新的公园需求，让空间可以在未

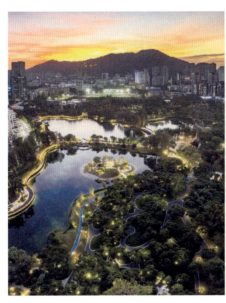

图 5-7　深圳四海公园城市与公园相互渗透

（a）改造前　　　　　　　　　　　（b）改造后

图 5-8　深圳四海公园盖世金牛雕塑改造前后图

来的时间里，再生生产力。在时间、空间和文化层面上都是一个连续性与适应性相辅相成的过程。

盖世金牛——如图 5-8 所示，30m 高的大型艺术雕塑盖世金牛是我国当代美术艺术家韩美林 1993 年设计建成的，也是为纪念深圳的拓荒牛精神。这是四海公园最核心的情感记忆点，也是深圳很宝贵的城市风貌里的人文要素。把城市片段与生活片段以蒙太奇的手法重新组织在同一场景下，盖世金牛与城市背景共筑天际线。金牛前设计有旱喷，用更安全的方式重塑儿时池塘、田野边嬉戏的场景。让过去的故事、现在的城市与当下的生活在叠合中重现时间的流动。

岭南茶苑——一棵榕树、一方茶苑、一片墙、一扇窗，它们是过去三十年时光的叙事里，不同时间的刻度。物质是时间在空间里的投影。对物质要素的提炼，让刻度变得更清晰，让人的感知变得更充分。如图 5-9 所示，改造老旧的茶室，加入书吧、茶吧、展览馆等功能活动，激发场地活力。青砖灰墙下，茶说过去，用新的情绪记录这一刻的时间。

荔枝林——成片的荔枝林、落羽杉林都是属于城市起点非常重要的符号。公园零碎的资源得到重新解读，使其核心价值得以升华，引发共鸣，形成生活与自然的交融空间，留下城市原点的时间线索。如图 5-10 所示，保留原有公园的荔枝林，改造林下空间，结合地形增添休闲平台、环林步道，成为游人亲近自然、休闲生活的活力场所。

（3）重塑驳岸，打造可持续的湖水生态。如图 5-11 所示，一方面，园区通过滨湖驳岸的空间设计，利用葱郁的植被柔化水陆边界，提供更多的生态栖息地。路径化的导流系统与梯田式植物过滤系统使地表径流得以净化，流入湖区的水质得到保障。水体循环的管网与梯田式水位布局有效控

(a)改造前

(b)改造后

图 5-9 深圳四海公园岭南茶苑改造前后图

(a)改造前

(b)改造后

图 5-10 深圳四海公园荔枝林改造前后图

(a)改造前

(b)改造后

图 5-11 深圳四海公园水体生境改造前后图

制内源污染与水质,增强水活性。另一方面,利用枯草、黑藻等具有水净化能力的沉水植物,给湖底铺上绿色基底,同时投放黑鱼、青虾等水生动物及其他浮游动物,完善湖区的生物群落组成,建立稳定、适应力强、多样性高的水生态系统,形成长久的、可持续的生态水下生境。洁净的湖水改善了周边的微气候,拉近了城市与湖水的关系,使市民与水面更加亲近。

5.1.3 上海复兴公园

1. 公园概况

复兴公园位于上海市黄浦区,是沪上具有百年历史的老公园之一,也是目前我国唯一保存较完整的法式园林。公园位于皋兰路2号甲,全园面积8.89万 m^2。19世纪80年代,现今的这片土地是一个名为顾家宅的小村,人们将顾姓人家在此建造的小花园称为"顾家宅花园"(Parc De Koukaza),这便是复兴公园的雏形。1908年,法国园艺家柏勃(Papot)主持园林设计,中国园艺家郁锡麒负责设计了顾家宅公园,筑园工程于1909年6月29日竣工,1909年7月14日对外开放,公园时称顾家宅公园,俗称法国公园。1917—1926年,法籍专家如少默负责公园的大规模扩建和全面改建,公园面积扩大到136亩,从布局图上可以清晰看到法式公园格局,大色块的运用淋漓尽致。公园西北角是椭圆形的玫瑰花坛。中部是几何形的"模纹花坛",中间设立了喷水池,花坛中缀种了红绿花草,绚丽多彩。中、南部是个8000 m^2的大草坪,西南部挖了个2000 m^2的荷花池,被两条小土堤分割成三个水池,宛如杭州的内、外、里西湖的风景。公园的西南角,利用挖出来的池泥和太湖石块,堆砌成不甚高的大假山,山路幽弯,林木荫茂,山顶上一座水泥亭可眺望园中全景,近池旁有一块悬崖上凸出一块巨石,石头间暗藏的潺潺泉水,滴注入一个碧潭中,崖下有一个山洞游人可穿入,仿佛花果山的水帘洞。在这个中西合璧的优美园林中,法式的公园里融合了中式风格,站在湖中堤上亭间,可揽阅湖山风光,充分地体现了华人工匠的智慧和造园手法的巧妙,在当时上海的所有公园中独领风骚,首屈一指。

20世纪90年代以来,根据《复兴公园整体改造规划》,在保持原有风格的前提下,对公园主要景点进行梳理调整、改造,园内大部分设施得以更新。2006年8月,复兴公园公布为卢湾区不可移动文物。2006年,根据老公园改造计划,对玫瑰园和春广场、中国园、沉床园、大草坪、南大门区域、茶室进行新一轮的改造。2009年7月,公园以全新的面貌迎来建园100周年。复兴公园经历了多次改造和整修,但都非常注意保护原有的园林风格和景观特点,尤其是2006年的成功改造使之继续成为上海唯一一座法国古典式风格的园林,更是近代上海中西园林文化交融的杰作。历时两年的改造本着"生态理念,修旧如旧,合理创新"的宗旨和"保护、修复、

图 5-12　上海复兴公园玫瑰园改造后图

图 5-13　上海复兴公园藤本月季拱形廊架

图 5-14　上海复兴公园紫藤棚架

调整、提高"的思路,突出法式造园风格,融合中西园林特色,解决老公园建造年代久远带来的一系列问题。

2. 公园品质提升要点

（1）保护园林风格,彰显主题特色。

法式园林部分——公园改造以现有格局为基础,对法式园林部分加以保留和提升,增加钢结构廊架、音乐亭、喷水池等元素,进一步突出法式园林的特点。如图 5-12 所示,玫瑰园改造保留椭圆环路形成外框、以椭圆的长轴和短轴建路分割成四个小区的格局,由玫瑰园和春广场（原木香棚区域）组成,传承复兴公园悠久的月季花栽植历史,用常绿的小灌木绿篱组成优美的模纹图案,选用冰山、欢笑、霍尔恩等十几个在上海地区表现较好的品种和宿根花卉填充在模纹中,又在每个出入口增设了钢结构拱形廊架并种植了藤本月季（图 5-13）,丰富了月季的布置手法和表现形式,体现"七彩月季园"的主题。

春广场是一个开放式休闲锻炼的活动空间,种植大量的杜鹃、白玉兰、紫玉兰、樱花等春季开花植物,春广场的背景为一个长一百余米、高 4.5m 的大型钢结构花架（图 5-14）,架上爬满各色藤本月季和紫藤,与玫瑰园形成绝妙的对景。

沉床园（俗称沉床花坛）是复兴公园标志性景观之一,重点对道路进行花岗石铺装,改善排水系统,减少道路积水,以确保游客雨天游园安全。如图 5-15 所示,沉床园的中心是公园南北、东西两大主轴线的交汇点,原中心位置的不锈钢海豚雕塑体量

图 5-15　上海复兴公园沉床园

图 5-16　上海复兴公园石质杯状花钵雕塑喷泉

图 5-17　上海市复兴公园大草坪

图 5-18　上海复兴公园荷花池

小，与公园的整体风格相差甚远，为此，改设直径 3m 的巨型石质杯状花钵雕塑喷泉（图 5-16），气势磅礴，风光无限，完全吻合沉床园的风格与特色。

大草坪（图 5-17）划入法式园林区域，草坪的形状由自然式变成规则式，形状如一个左右对称的大拱门，大草坪的西面与中国园相衔接。另外，公园的各种设施如座椅、废物箱、指示牌等都一改不同时期设置又未进行风格统一的问题，重新设计并制作了纹饰、图案、形制与公园风格高度统一的座椅、指示牌、路灯等设施。

中式园林部分——中式园区域则充分利用公园原有的植物资源，加强古树名木以及后续资源的保护，适当增加新优花灌木及耐阴地被，丰富了群落结构，提升了园林景观。改造中，在荷花池（图 5-18）北侧增设了牡丹园，同太湖石组成大小不同的花坛，花坛内种植了 2000 多株各色牡丹、芍药，花开时节姹紫嫣红；在牡丹园的西南就是原有的假山区，以自然造景手法展示中式园林的亭、台、廊、榭风格，这个区域的改造注重水系的合理梳理，假山的水潭与小河浜、大河浜形成循环的活水体系（图 5-19），两个河浜之间修建了装饰性的石桥，显示出中国古典园林的雅韵。

（2）改造中重新布局游客活动空间，完善功能需求，适应游客结构变化。复兴公园游客活动的时间主要在上午，尤其 6：00—10：00 之间是锻炼的高峰时段，以

图 5-19　上海复兴公园活水体系　　　　图 5-20　上海复兴公园锻炼空间

老年人为主,主要集中在茶室前的广场和沉床花坛附近的大道上,密集的人群让空间显得局促。改造后,对道路系统及公共活动空间的调整,以满足公共服务空间的功能需求为宗旨,将锻炼的游客分流到了经过整合的南北大道、春广场,游客获得了更为宽敞的锻炼空间(图 5-20),而且这些场地都掩映在树丛中、景点旁,不仅缓解了原来空间不足导致的人群间的矛盾,优美的环境还使得锻炼的氛围和谐、宽松,游客也更为珍惜活动的空间,公园真正成了他们的乐园。

5.1.4　广州越秀公园

1. 公园概况

广州越秀公园是广东省广州市最大的综合性公园,位于广州传统中轴线上。越秀公园主体秀山以西汉时南越王赵佗曾在山上建"朝汉台"而得名。园内有清代所建一座石牌坊,上面刻着"古之楚亭"四字,不少史籍将"楚庭"视为广州的雏形。公园所处区域,自元代以来一直是羊城八景之一,现有中山纪念碑、明城墙、镇海楼等三处国家级文保单位,海员亭、四方炮台等 11 处市级文物,五羊石像更是羊城广州的著名地标;还有越井岗、蟠龙岗等七个山岗和东秀、北秀、南秀三个人工湖,水体总面积 5.47 万 m^2,园区绿化覆盖率达 90.3%。2001 年被授予"广东省文明窗口单位"称号,2006 年公园被评为国家 AAAA 级旅游景区,2008 年被评为"国家重点公园"。

2. 公园品质提升要点

1) 还绿于民,分阶段全面提升公园基础设施

2012 年开始,越秀公园先后多次对公园基础设施和重要景点进行全面

提升，老公园整体面貌开始不断焕发新活力。2012年5月完成岭南园林特色绿化美化改造和正门广场、湖心岛到花卉馆、北秀湖临水步道升级改造。2017年6月完成东秀湖环湖花带景观改造，在保持原地形地貌、自然绿化环境的基础上，科学搭配植物品种，丰富了环湖景观层次。同年，广州市人民政府批准命名越秀公园已建道路，以历史景点为名，加深公园的历史故事印记。2018年始公园相继对北秀湖、南秀湖、东秀湖开展湖水生态修复工程，通过运用底泥活化、增种沉水植物、搭配放养特定种类鱼虾，从而改善湖水水质，全面提升人工湖水体质量和景观效果，重塑自然稳定和健康开放的水生态自净系统。同年，湖水生态修复工程完工，三大湖水质均由地表Ⅴ类提升至Ⅲ类，湖面景观也取得较大改善。2020年孔雀、天鹅在湖上安家，秀湖成了鸟类的栖息乐园。如今，市民游客泛舟湖上，一派水清、岸绿、景美、民乐的景象（图5-21）。

图5-21 广州越秀公园湖水生态修复

2）全龄友好，小空间实现大民生

越秀公园作为最受广州人欢迎的综合性公园之一，公共配套服务设施需要满足"全龄化"的人性关怀，在小空间中实现大民生，于细微处体现贴心服务。通过问卷调查、大数据分析，结合现场调研，统计分析了越秀公园不同年龄层在不同活动区域的活动热点和活动时间，针对各年龄群众不同活动场景所需，因地制宜精准完善、补充服务配套设施。2014年便民服务站更新迎客（图5-22），2015年鲤鱼头乒乓球馆翻修后对外开放，同年北秀群众文化广场改造完工。

越秀公园一共有15座旧式厕所，存在设施老化、便民设施不足、功能不齐等诸多问题。2019年，广州市越秀公园开展了厕所完善提升工程，重点改善厕所内外环境,并应用科技智能产品,提升人性化、实用化等服务功能,打造优美、智慧的新时代厕所(图5-23),使得越秀公园公共厕所面貌焕然一新,受到各个年龄层次游客和"老广"的喜爱。越秀公园的公共厕所成为园内一道亮丽的风景线,引起市民游客频频争相打卡。新改造的厕所各具特色,一厕一诗一景,在厕所的改造中说好越秀山故事,弘扬岭

图5-22　广州越秀公园便民服务站

图5-23　广州越秀公园公共厕所改造提升

南文化。花卉馆厕所极具岭南园林风格，庭院疏阔，花木扶疏；独家设置的儿童厕所，能锻炼小朋友独自如厕能力；金印外厕采用透光石妆点屋顶，节能环保、自然透光、妙趣天成；五羊厕所率先使用曾被深圳大湾区花卉展和北京世园会推介的深绿卫无味节水厕所技术，独具一格；金印游乐场厕所增加雨水天沟和导雨链，形成独特的雨水收集系统，植入资源节约和海绵城市理念；踏趣园厕所突出童趣，重点打造儿童和亲子厕所，与游乐场主题暗合。

3）讲好"越秀山故事"，让文化品牌"走出去"

依托越秀公园深厚的文化底蕴，结合公园"老城市新活力"公园基础设施全面提升，近年来，公园致力于打造"越秀山故事"文化品牌，让越秀山故事"走出去"，作为根植于广州的文化IP，为"老广"们献上了精彩纷呈的文化盛宴，让新广州人、年轻的广州人和来广州的游客读懂广州、热爱广州。开阔创收思路，积极探索新路径、新方法，盘活闲置资源。根据因地制宜、片区打造、特色互补的原则，公园通过招大引强策略逐步对园内一些陈旧、文化含量低的配套服务设施进行因地制宜的改造，积极引进集文化性、体验性及实用性为一体的特色经营服务项目，形成"东休闲、南非遗、西科技、北艺术"的总体经营格局。东片区为休闲娱乐与亲子功能区，包括金印游乐场、东秀儿童游乐场、城市公园展览馆、陌上花开书吧等；南片区为非遗展示体验区，在五羊顶工艺品店、百步梯小卖部等引入非遗项目，打造集非遗文化展示、互动体验为一体的文旅体验店，让非遗文化落地公园；西片区引入高清视频小镇概念，将以太广场区域打造成为超高清产业综合体；北片区为艺术文化功能区，包括当代艺术中心、星辰花园科普馆、花卉馆三大展馆及粤秀书院等。

其中，东片区的"陌上花开"项目积极打造书吧特色体验店（图5-24），游客可在"新华书店"内看书、赏花、品茶；北片区的"SITE当代艺术中心"项目将打造成为一座集戏剧、展览为一体的综合性当代艺术中心；"花苑"项目通过高雅的花展、书画展，让游客在游玩过程中接受高雅艺术的熏陶。各片区功能突出、相互贯通、活力呈现，进一步满足了游客不同的游园需求。

深入挖掘越秀山故事，塑造"越秀山故事"形象IP。成功举办五羊石像光影秀、《我的越秀山故事》融媒体作品征集、"千年越秀山 读懂广州城"文化活动周、文创大赛等系列活动，其中，五羊石像光影秀注重赋予五羊

图 5-24　广州越秀公园"陌上花开"项目

图 5-25　广州越秀公园五羊石像

雕像文化性与故事性,借五羊石像落户越秀山六十周年契机,利用五羊石像(图5-25)作为载体举行光影大秀,以城市地标为纸、光影艺术为笔,述说羊城故事;《我的越秀山故事》融媒体作品征集活动吸引市民踊跃参加,收集到了超过500份作品,为"越秀山故事"申请非遗提供了宝贵材料。同时,围绕"越秀山故事"开发各类文创产品,让公园文化看得见、摸得着、带得走,让游客有得玩、有得听、有得吃,让"千年越秀山,读懂广州城"的品牌理念更加深入人心。

公园还不断推陈出新,积极打造"非遗文化进公园"品牌活动(图5-26),举办了包括"纸尖上的端午""越秀山下听'船'说""越秀大舞台 粤秀越精彩""广州北胜蔡李佛拳"等系列非遗文化活动。接下来还将进一步打造"非遗文化在公园"项目,将非遗项目、非遗传承人、非遗产品引进公园,开设非遗展览、非遗产品展示、游客沉浸式体验工坊等,将非遗文化"活化",让公园成为传播非遗文化的重要平台。此外,依托园内文物古迹、红色景点、生态资源、非物质文化遗产等资源,大力发展文化遗产旅游、研学旅游,开发集文化体验、知识科普、亲子娱乐等于一体的新型研学旅游线路。

发展夜间文化,打造文旅消费品牌。广州作为经济贸易发达、文化繁荣的国际化大都市,长期以来有夜间文化活动和旅游消费的传统,公园积极响应省市关于发展夜间经济的要求,举办"文化创意市集""五羊集"等(图5-27),展现文化与艺术的内涵,通过夜间消费配合夜间景观,让游客感受到广州"老城市"的新活力。接下来,将依托公园特色资源,利用湖

图 5-26　广州越秀公园"非遗文化进公园"活动

图 5-27　广州越秀公园"五羊集"文化创意市集

面开展水上光影秀,并配套举办夜间集市等文化活动,促进夜间文化和旅游经济发展,丰富游客夜间游玩体验,更好地满足人民群众日益增长的美好生活需要。

积极发展"走出去,请进来"策略,善于利用公园各种资源,本着"优势互补、资源共享、互惠双赢、共同发展"的原则,拓展"公园+"合作模式(图 5-28)。一是通过"公园+高校",深化与华工、华农、农科院等高校和科研单位的战略合作,携手在生态保护、园林养护、人才培养、文创发展等方面加强合作。二是通过"公园+中小学",加强与市内中小学校合作,大力开展研学、科普教育、美育成果展示、学生劳动教育实践等活动。三是通过"公园+外事",利用公园韩国园、金印游乐场、洛杉矶友谊花园等景点,与外事办合作举办活动,包括组织开展广州-洛杉矶友谊花园植树活动等。四是通过"公园+融媒体",联合广东广播电视台举办羊城讲古台等活动。联合各大媒体、利用官方微信公众号、抖音号等,做好公园宣传推广。五是通过"公园+内联单位",挖掘园内各内联单位的经营特点与内在特色,拓展游客体验内容。如与"风行牛奶"合作引入奶牛进公园,与"陌上花开"合作创建劳动教育基地,与"星辰花园"合作开展科普研学等。六是通过"公园+街坊邻里",举办游客群众性乒乓球赛、广场舞大赛等全民健身活动,更好地践行"人民公园为人民"理念。

图 5-28 广州越秀公园"公园+"合作模式

5.2 专类公园

5.2.1 成都市植物园

1. 公园概况

成都市植物园（成都市公园城市植物科学研究院）面积42hm²，位于成都市北郊天回镇，紧靠川陕公路，距市区10km。1983年，经成都市人民政府批准将原成都天回山林场改建为"成都市植物园"；1986年，经成都市人民政府批准，成都市植物园与成都市园林科学研究所正式合署办公；2019年11月4日，经市委编办批准，成都市植物园加挂"市公园城市植物科学研究院"牌子，不再保留"市园林科学研究所"牌子。经过30多年的建设和发展，成都市植物园已建成集科研科普、旅游休闲服务于一体的综合性植物园。园内现已建成多个植物专类园和两个对外开放的科普设施，专类园包括芙蓉园、樱花园、茶花园、腊梅园、木兰园、海棠园、梨花园、桂花园、梅园，科普设施包括成都市青少年植物科普馆、沙生植物馆。

2020年，为了落实成都市公园局"老公园·新活力"三提升工作要求，对园内部分区域进行了提升改造，为游客带来更舒适的游览环境，以及提供更丰富的科普教育。

2. 公园品质提升要点

（1）花境区域——花境示范段（图5-29）位于科普馆-苗圃-大草坪的灯台树路段，总长约400m，总面积约4000m²。此路段为通往大草坪的重要路段，人流量较大。花境总体风格为以宿根花卉为主的混合花境。根据场地现有条件，即原始道路的地形、光照条件以及道路交叉口情况，因地制宜地选择花境应用形式，共采取了林缘花境、草坪花境、路缘花境、墙垣花境四种花境形式。由于花境布置开始于5月，因此选择的花境材料多为夏秋季观赏期的植物，再从植物季相、生态习性、色彩、株形等多方面考虑进行组合搭配。

（2）荚蒾园——荚蒾园（图5-30）位于科普馆右侧，建成于2018年，占地8000余平方米。荚蒾园共有4个主入口，5个次入口，园内布置多条

(a)花境示范段平面图（A：林缘花境，B：路缘花境，C：墙垣花境，D：草坪花境）

(b)花境改造前

(c)花境改造后

图 5-29 成都市植物园花境示范段改造前后图

(a) 改造前

(b) 改造后

图 5-30　成都市植物园改造前后图

游步道，一条科普宣传游憩长廊。荚蒾园内植物以荚蒾属大灌木和绣球属小灌木为主。其中，荚蒾属植物主要展示植物园 20 多年以来引种的 40 多个种，包括绣球荚蒾、欧洲荚蒾、琼花、蝴蝶荚蒾等观花、观果效果好的种类。并且，2020 年来陆续增加绣球品种 70 余个，包含了大花绣球、圆锥绣球、栎叶绣球、乔木绣球 4 个品系。绣球属植物开花效果好，花色丰富，配置在道路两侧可以形成极为震撼的观赏效果。荚蒾园从 4 月初就开始进入观赏期，绣球荚蒾雪白的大型花朵十分惹眼。5 月，各品种绣球也陆续开放，一直持续到 8 月，五颜六色，绚烂夺目。到了秋冬季，荚蒾属植物又挂满了红彤彤的果实，着实壮观。

（3）月季康养园——月季康养园（图 5-31）建成于 2020 年年底，位于植物园南大门入口区域，占地面积约为 3700m²。月季康养园一面邻墙，三面开敞可进入。园内由枯山水花园、月季花海区、月季品种展示区和月季廊架四部分组成，其中展示的月季有绝色佳人系列、真宙、绯扇、蓝色阴雨等 60 余个品种，既有普通的灌木月季、树状月季，还有造型的球形月季和柱形月季。除月季外，其他的配景植物以性状突出的植物为素材，比如可激发"五感"的植物，在配置过程中展现植物特点，利用植物对视觉、

(a) 月季康养园平面图

(b) 月季康养园实景图

图 5-31 成都市植物园月季康养园

触觉、味觉的刺激，起到疗愈身心的功效。在广场内设置科普设施，比如流水种植床、不同高度的砖砌花台、可移动的木质花床，可在日后开展园艺操作活动，让整个月季康养园成为可进入、可参与、可阅读、可互动的新康养理念场所。

（4）玻璃花房——玻璃花房（图5-32）位于月季康养园北侧，占地面积约 80m^2。玻璃花房正面开敞可进入，背面是镂空的木制架，两侧是实体墙，屋顶是可透光的玻璃材质。为了让玻璃房呈现出"花房"的效果，屋内地面、立面和空中部分都进行了设计布置，让植物高低错落有致，主次搭配，打造出游览和科普相结合的场地。花房地面中间部分是三组较大的绿植作为骨干

图 5-32　成都市植物园玻璃花房

树种，四边辅以凤梨类和竹芋类的观叶植物。地面靠墙部分利用木桩勾边，碎石填充，形成一个个竹芋类、蕨类、多肉类的景观组合；鹿角蕨、猪笼草、梦香兰等精致盆栽悬挂于墙面，彩叶芋、合果芋、吊兰等观叶植物组合装饰一整面绿化墙；而垂吊性较强的植物如长寿吊钟、霸王蕨、毛萼口红花、空气凤梨、紫藤葛、锦屏藤等悬吊于空中，营造出浪漫的场景。

经过两年的"老公园、新活力"公园品质提升工作，园区植物种类增加了 500 余种，景观设施得到明显改善，景观品质也得了极大的提升。在景观改造过程中，融入园区内的特色科研、科普，极大地丰富了游客的游览活动。通过这种互动式、沉浸式的体验，满足了人们与大自然进一步亲密接触的需求，从而给人们带来更愉悦的体验感。

5.2.2　上海古猗园

1. 公园概况

古猗园，位于上海市西北郊嘉定区南翔镇的中东部，东起黄泥泾，南至沪宜公路，西连古猗园路，北靠民主东街居民区，占地面积 130 余亩，始建于造园风气极盛的明嘉靖年间（1522—1566 年），现为上海市文物保护单位、国家 AAAA 级旅游景区。古猗园系徽籍闵姓的私家园林。万历年间，汝州知州闵士籍改建后更名为"猗园"，取诗经《卫风·淇奥》"瞻彼淇奥，绿竹猗猗"之意。清代乾隆十一年（1746 年），洞庭山人叶锦购得修葺后，易名为"古猗园"。后来几经历史变故和战火焚毁，一度荒芜和失管。新中国成立后，古猗园经人民政府修缮后向广大市民开放，园内还曾经有动物园格局，形成的"绿竹猗猗、幽静曲水、明代建筑、花石小路、楹联诗词"五大特色成为古猗园的核心文化内涵。

1978年8月，时任上海市委书记的彭冲视察古猗园，指出古猗园应当恢复古典园林特色。当年即撤销园内的动物园。1979—1991年，是古猗园老园区改造时期，据清人沈元禄《古猗园记》及童寯《江南园林志》记载，恢复"十亩之园，五亩之宅"的园林布局。2006—2009年进行第二次改扩建，确定了古典园林的基本形态。2010—2013年的景观优化提升改造工程，对老园区进行改造，对公园东面进行扩建。老园是古猗园的重点、核心和灵魂，新园和老园互通互连，项目的实施中有轻重主次，把老园作为重点，以童寯20世纪30年代所测绘的图样为准则，浓墨重彩地进行修复。老园和新园部分"合而不同""合而有别"，并再次将古猗园确定为明清风格，恢复老园区核心区的原有面貌。

2. 公园改造提升要点

（1）园林空间营造——改造前的古猗园在园林空间分割上主要是利用地形和绿化，将园子分成戏鹅池景区、鸳鸯湖景区、微音阁景区、松鹤园景区、南翔壁景区和青清园景区，老园区戏鹅池、微音阁和松鹤园景区利用大地形来处理，空间感强，景观效果好，而其他几个区域空间感不强，主要运用了大绿地、树坛造景，现代手法明显，原北门区域入园后，即可看到缺角亭、浮筠阁等建筑，整体太透，缺乏私家园林小中见大、壶中天地的特色。在此次改造中，设计师大量运用了院墙、建筑和地形等手法，来营造园林空间，特别是北门入口区域和扩建区不可无竹居区域，充分利用景墙、廊道划分空间（图5-33），创造了许多漏景、隔景、障景，景观富于变化，空间丰富，开合有致。

图5-33 上海古猗园利用景墙、廊道划分空间

图5-34 上海古猗园逸野堂

（2）古建筑采用传统施工工艺进行恢复。古猗园改造项目的建筑风格定位为明清风格，新建造的建筑包括新园和老园新造建筑，按照明清建筑风格进行恢复建造，新中做旧，地上部分使用砖瓦、木料、灰砂、广漆等传统材料，石作、木作、屋面等分部工程根据传统工艺严格实施老园中钢筋混凝土结构的仿古建筑，将水泥地坪、水泥门洞、漏窗等构部件改造成砖细，结构予以保留，调合漆改造成广漆（图5-34）。

（3）室内陈设精细布置。私家园林室内陈设反映了当时的民俗、风情、文化，具有鲜明的时代特色，如明代室内陈设，家具样式简洁、朴素，清代则比较烦琐、华丽。古猗园厅堂室内陈设对园主人所处朝代、建筑功能等均进行了认真研究，参照史料进行精心布置，图5-35所示为春藻堂内饰。

（4）对文化脉络的传承。古猗园经过几百年历史，跌宕起伏中逐步形成了"绿竹猗猗、幽静曲水、明代建筑、花石小路、楹联诗词"的特色。在本次规划改造中，着力保持和强化这些特色，并把这些特色有机地融入新老园景观中。

竹是古猗园的传统特色，"猗园"的名称由"绿竹猗猗"而来，明代造园之始，遍植绿竹，浮筠阁更是"无不刻着千姿百态竹景"，突出了"绿竹猗猗"之景和情。现古猗园景区中仅存浮筠阁，竹景的形象已经不突出，规

图 5-35　上海古猗园室内陈设布置

图 5-36　上海古猗园幽篁烟月景区

划改造中将这部分景观形象引申至新园幽篁烟月景区中（图 5-36），把竹作为该景区的主题，利用假山、土坡、竹子营造丰富多彩的竹景观。

园林建筑取明清风格，并保留地方特色。上海地区明清建筑总体与苏州等地的园林建筑风格一致，但也存在当地特色，如油漆偏红、稍洋气，在恢复历史建筑过程中充分保留了这些特色，尤其是南翔镇的传统风格。如图 5-37 所示，在建筑布局上，较多地考虑游廊建筑的运用，充分发挥游廊在分割空间、组织景观方面的魅力，并对整体与细部精心设计，建筑细

图 5-37　上海古猗园游廊建筑的运用

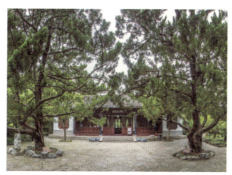

图 5-38　上海古猗园梅花厅

图 5-39　上海古猗园不系舟楹联

部、园林小环境都力求体现明清风格特色。

延续古猗园的历史文脉进行景观意境创作。景点创造过程中，各个景点、景区都力求融合到古猗园独有的意境内涵之中，如梅，历来为文人所喜爱，用梅造景，在江南古典园林中十分普遍。古猗园中的梅景，以梅花厅（图5-38）为中心占据了很重的分量。通过瑶台（合在瑶台）、罗浮梦仙（小罗浮）、梅妻鹤子（鹤守轩）等典故，展现了梅的苍疏姿色、清淡神韵、刚毅品格和"疏影横斜水清浅，暗香浮动月黄昏"的诗情画意般的优美景色。

楹联诗词是古猗园的一大特色，园内存有祝枝山、董其昌等名人题词，现代胡厥文、陈从周、唐云等书画家也为古猗园题词，在规划和改造过程中，为古猗园的文化专门进行了规划，楹联匾额尽量查阅古籍史料，恢复原有的楹联、匾额。图5-39所示为不系舟门前由清末进士廖寿丰撰写的楹联：十分春水比檐影，百里莲花七里香。

5.2.3 昆山森林公园

1. 公园概况

昆山森林公园于 2002 年年底建成，总面积约 200hm²。年均免费接待游客约 170 万人次，为昆山重要城市绿色资源和生态名片。随着城市的扩张和游客的逐年增长，2015 年 5 月，在公园建成 13 年后，昆山市政府委托苏州园林设计院对森林公园进行提升改造研究和设计，并于 2016 年开始实施改造工程，于 2018 年建成，向市民开放（图 5-40）。

2. 公园品质提升要点

1）绿色共享公园——城市绿道

从城市总体规划上考虑，打通了城市三大中心（文体中心、绿色中心、智慧中心），通过设置空中绿廊与城市绿道串联，优化共享城市资源。如图 5-41 所示，为一条橙色的跨桥、一片绿色的公园、一汪蓝色的湖水形成一个绿色共享公园。

（a）改造前　　　　　　　　　　（b）改造后

图 5-40　昆山森林公园改造前后平面图

（a）改造前　　　　　　　　　　（b）改造后

图 5-41　昆山森林公园改造前后鸟瞰图

2）生态海绵公园——湿地景观

以昆山海绵城市设计为大背景，结合澳大利亚水敏感设计团队E2DesignLab先进技术以及多年经验，应用圩区策略，根据公园内各湖泊水体水深现状，确定处理型湿地的位置和面积。以控制河道内的蓝藻生长作为主要的水质控制指标，通过循环流动改善公园及城市大区域的水质（图5-42）。

3）主题植物园——节气花园

四季变化，生机万象，二十四节气宛如彩墨，一滴入画便晕色成景，联结成卷。在森林公园和湿地公园的基质中植入主题形成百草园、海棠园、蔷薇园等主题植物花园，丰富公园观赏形态。同时，公园以中国传统二十四节气为线索，结合主题植物设置节气主题节点，如图5-43所示，形成缤纷花海、草长莺飞、泥滩捕虾、蝴蝶花谷、丛林探秘、萤火虫滩等景点，在四季的更替中展现不同的自然生境魅力，谱写四季诗意。

4）健康智慧公园——智慧设计

导入智慧公园设计体系设置水质监测智慧平台：监视和测定水体中污

（a）改造前　　　　　　　　（b）改造后

图5-42　昆山森林公园水质提升改造前后对比图

（a）草长莺飞　　　　　　　　（b）泥滩捕虾

图5-43　昆山森林公园主题植物园

(a) 森林书屋　　　　　　　　　　(b) 智慧驿站

图 5-44　昆山森林公园智慧设施

染物的种类、各类污染物的浓度及变化趋势，向游客展示水敏型湿地净化效果。生境展示智慧平台：观察鸟类迁徙、繁殖过程以及科普教育的作用。健康运动智慧平台：通过健康跑道、智慧驿站、森林书屋等串联智慧公园，引领绿色健康生活（图 5-44）。

　　昆山森林公园的改造在原有公园城市绿地的生态基底上，加入游憩、体验、科普、教育等功能，使城市绿色资源能够有效利用，形成资源共享。而这种共享不仅是人们可以共享使用森林公园，更是大自然与人的共享，不断延长城市绿线，增强城市中心绿色地块，提高对生态资源的利用效率，让城市与自然互动，让昆山的绿色心脏重新焕发活力。

5.3　社区公园

5.3.1　天津中心公园

1. 公园概况

　　中心公园位于天津市和平区（原法租界）的中心地带，始建于 1917 年，1922 年竣工，后经历了多次更名与修整。最初由法租界当局所建，是直径

图 5-45　天津中心公园昔日景象

图 5-46　天津中心公园放射状道路

为 135m，占地 1.27hm² 的圆形法国规则式人工园林，时称"法国花园"（又名霞飞广场）。如图 5-45 所示，园区内以同心圆及辐射状的道路为基础进行布局，中间建有西式八角石亭，园路皆用小卵石散铺而成。公园建起后，四周陆续建起一圈花园洋房，且各具特色，与景观相辅相成。后又经历了"中心公园""罗斯福花园"等变更。新中国成立后定名为"中心公园"，并且对其进行了一系列修复。全园占地面积为 1.599hm²，景观面积为 1.638hm²（含二层百花厅）。

2009 年 6 月根据新一轮环境整治要求，对大型喷泉、甬路进行修缮，增设供游人活动的木地板路面、座椅等，在绿地中点缀花灌木。2019 年，中心公园进行提升改造，将花园路、周边街头绿地和建筑立面及周边道路交叉口一并纳入设计范围之中，同公园作统一考虑，还原了一个完整的法租界历史街区。

2. 公园改造提升要点——承载记忆，修旧如旧

道路状况——如图 5-46 所示，中心公园地块的道路基本沿袭了租界时期的模式，以"花园路"围绕中心公园中心，与之相垂直的是六条呈放射状的道路（丹东路、辽宁路、承德路），中心公园园区是直径约为 140m 的圆形地块，由同心圆与辐射状道路分割，在公园中心恢复原法国公园八角石亭，设置 9 个主要节点，在景观结构上构成一轴一环两部分。

图 5-47　天津中心公园廊架

廊架——如图 5-47 所示，廊架作为中心公园的一道体验法式公园的重要建筑元素，造型具有法式风格，形态与场地结合，不仅在提升公园的造园品质上赋予中心独特的魅力，而且将把记忆中的情怀在此继续书写。功能上增加了可以供市民活动的场地，有顶的设计为市民提供可遮风避雨的场所。

八角亭——如图 5-48 所示，八角亭是公园的灵魂，昔日的园亭是人们最喜欢的地方，留下了那个时代人们无数的欢笑和回忆。八角形欧式园亭，淡绿色小筒瓦坡屋顶，金色攒尖亭冠，白色柯林斯式双圆石亭柱，白色宝瓶石护栏，宽条石台阶，石砌环亭花池，虽然为石亭结构，但造型轻盈通

(a) 亭子老照片

(b) 市民在八角亭前合影留念　　　(c) 八角亭夜景

图 5-48　天津中心公园八角亭

透,风格优雅而庄重。园亭在自然树木、草坪花卉之中,突显法兰西浪漫情调的花园景色。在尽可能"原汁原味"地还原八角亭的过程中,改造团队先后利用SketchUp模型和3D打印模型进行推敲。为了保证亭子能够满足抗震等级和承重需求,几次修改结构,最终完成了亭子的还原。

雕塑——中心公园建设至今的100多年里,有无数的文人墨客曾在公园内停留。不管是与胞弟玩累了在长椅上休息,还是与心爱之人初次牵手绯红了脸颊,亦或者只是在中心亭的柱子旁倚靠停留(图5-49)。这些短小的场景,都随着墨水浸入纸张,成为不可磨灭的印记。这些印记都沉浸在这些曼妙的角落中,被时间封存的无数美好场景似乎跟随着造园的脚步呈现在中心公园的最新诠释中。

铺装和石面——漫步在中心公园中,有刻字的硬质铺装和印有八角亭的石面在诉说着中心公园的浪漫情怀和历史故事(图5-50)。

(a)音乐家雕塑远景

(b)张爱玲和弟弟雕塑

图5-49 天津中心公园雕塑

(a)有刻字的地砖

(b)八角亭印记的石面

图5-50 天津中心公园地砖与石刻

5.3.2 上海莘庄公园

1. 公园概况

莘庄公园位于闵行区莘庄镇莘浜路 421 号，东临莘西路，北邻莘浜路，南与西有郁家浜（团结河）围绕，总面积为 58785m²。1930 年，松江县泗泾镇人氏杨昌言在莘庄镇西小西街两面邻水的临河滩地植树建园，占地面积 16.5 亩，取名莘野梅园。1951 年，上海市人民政府批准市工务局园场管理处接管该园，1952 年实施改造，命名为"莘庄公园"对外开放。并于 1984 年起多次扩容改造。2003 年，闵行区人民政府投资将公园西侧的 30 亩土地扩建为公园，公园总面积增加至 90 亩即近 6 万 m² 的规模。

在莘庄公园入口东南侧白墙上，有一幅展示公园发展历史的长幅图卷（图 5-51），展现公园发展的历史演变过程。以"梅"为特色的莘庄公园，全面传承了公园的梅文化渊源，成为沪上家喻户晓的梅文化特色公园。每年梅花盛开的季节里吸引了大量游客前往赏梅游园，并已成为长三角地区闻名的特色"梅"园。2002 年初春，中国工程院院士、梅花泰斗陈俊愉到此考察后评价："莘庄公园梅花的栽培养护和管理做得好，在江南乃至全国可算突出的。"自 1990 年代末起，公园每年举办梅花展览，布置梅文化景点，以名诗名句为意境，通过梅花与小品、山石盆景、植物盆景等组合，树桩盆景、瓶插梅花等表现形式，升华梅文化内涵。同时，举办各类梅花书画展、摄影展，增添艺术气息。

2014 年，纳入市"十二五"老公园改造计划的莘庄公园，围绕公园的"文脉"传承和"特色"亮点，进行了全面的整体改造，改造中的五大抓手让公园的品质全面提升。

2. 公园改造提升要点

梅文化传承提升内涵——莘庄公园的历史变迁，以梅花为主线。"莘野梅园"这一名字来源于杨昌言植梅建园。定名为莘庄公园后，梅园陆续移植许多优良梅花品种，绿萼梅更是驰名沪上。20 世纪

图 5-51 上海莘庄公园历史图卷

图 5-52　上海莘庄公园梅文化主题景色

80、90 年代，公园从苏州等地大批引进梅花品种，又从安徽引进大批盆栽梅桩。园内现有地栽梅树 500 余株，梅桩盆景 400 余盆，梅花品种 40 多个，大部分为梅中珍品。如图 5-52 所示，在公园改造的过程中，紧紧抓住梅文化的传承进行，一是对"镇园之宝"垂枝绿梅景点进行保护提升；二是挖掘和引进了 60 个梅花新品种；三是提升公园梅文化内涵，如增加莘庄公园发展历程雕刻长廊、梅花文化浮雕、咏梅诗墙以及梅花主题花窗等，并在铺装、景观小品等细节上呼应梅花文化特色；四是对公园的古典园林建筑进行重点的修缮保护和优化，突出江南园林的风格和特色。

5.3.3　北京人定湖公园

1. 公园概况

人定湖公园占地面积 9.2hm^2，位于西城区六铺炕街。最早是 1958 年发动人民群众挖湖、植树，将原来的积水洼地改造成景色优美、绿树成荫的休闲公园。1994 年提升改造，形成北京第一座集欧洲园林精华于一身的城市公园。公园南部参照法式、意大利式古典造园手法，用椭圆形回廊、水盘喷泉、规整的绿色草坪、模纹花坛、叠泉等景观，配以欧洲神话人物的雕塑，展现丰富多彩的世界园林文化。公园中部的转折空间，提供文化展示平台，以现代壁画、浮雕为手段展现从伊甸园、意大利台地园、法国凡尔赛庭院，到中国苏州园林、印度泰姬陵等世界园林发展史中永恒的经典。公园北部以开阔的水面、起伏的草地、高耸的钻天杨等，展现以英国为代表的自然风景园林景观。公园中心是一组象征改革开放精神的主雕塑，如雨后春笋般生机勃勃地向上发展。圆球造型象征着新机遇的孕育，新时代的开端。

2006年,西城区园林局对公园再次进行修缮,在保持公园风格的基础上着重生态恢复。如图5-53所示,将原来的人工湖改造成自然生态湿地,引入了水生植物群落,孕育了鱼、蛙等野生动物群落。由于生态环境的改善,吸引了很多野鸭、绿头鸭等水鸟在此栖息繁衍。公园植物种类丰富,层次分明,吸引了大量鸟类、昆虫在此栖息。构成了具有生物多样性的自然生态系统。

2. 公园改造提升要点

1)打造"全龄友好"型社区公园

全园坡化,全面改善公园服务设施——人定湖公园游客中老年和儿童占比非常大,而人定湖公园竖向空间变化丰富,如下沉庭院、月季园、主雕广场、亲水平台等几处,乘坐轮椅的老年人和推婴儿车的人均无法到达,不能领略不同园林空间变化的美景。如图5-54所示,针对这一点,精细化设计,全面消除全园的小高差、小陡坎,实现了重点景区的全园坡化,最终使人定湖公园形成了一个"全园无障碍"的典范园区。

(a)公园实景图　　　　　　　　(b)公园平面图

图5-53　北京人定湖公园改造后

(a)下沉庭院坡化　　　　　　　　(b)木平台坡化

图5-54　北京人定湖公园坡化改造

人定湖公园被众多居民区紧紧围在中心,不但休闲活动的居民很多,也是区内人行交通的必经之路。公园内轮椅、婴儿车的数量也非常多,占道严重,容易发生碰撞。作为全龄友好型公园,着力改善公园服务设施。开辟轮椅、婴儿车停放区。对坑洼不平的道路进行修缮。对雨雪天较滑的广场、平台进行了升级改造。增加栏杆、座椅、便民挂衣架,并在适当区域增设老年人助力栏杆。如图 5-55 所示,改造后,公园的设施更加安全、人性化。

2)合理布局,兼顾生态环境,提高公园场地使用效率

由于公园位于稠密的居民区中间,有些场地距离居民楼过近,导致游客活动对居民生活有一定程度的干扰。本次改造充分考虑周边居民意见,对部分活动场地位置作出调整。将羽毛球场地调整到公园东南角空地处,并增加儿童活动场及儿童沙坑,同时增设健身器材、座椅等设施,丰富中老年及儿童休闲健身活动(图 5-56)。

(a)改造前　　　　　　　　　(b)改造后

图 5-55　北京人定湖月季园坡化改造对比图

(a)儿童活动场地　　　　　　　　(b)羽毛球场

图 5-56　北京人定湖公园活动场地改造

5.4 游园/口袋公园

5.4.1 广州望南公园

1. 公园概况

望南公园位于广州市白云区华南快速、鹤龙二路交汇处。场地面积约为6000m²，包含宗祠广场、风水塘、楼间空地及村口口袋公园等部分。2020年，广州市规划和自然资源局联动白云区政府、嘉禾街道、望岗村村委、街坊们，坚持"以人民为中心"的发展思想，共同推进社区设计师工作，邀请本地优秀景观设计师孙虎参与望岗村望南公园的设计和建设。

2021年9月，望南公园景观改造项目完成施工，当地居民告别拥挤、混乱的生活场地，迎来美好、活力的社区新场景，居民能够露天观影、树下对弈、池边纳凉，还可以举行创意集市，感受设计提升生活品质的力量（图5-57）。

2. 公园品质提升要点

1）以人民为中心，运用"同堂"理念营造社会向心空间

通过深入的社区走访调查，充分了解当地村民日常生活需求。社区设计师孙虎，提出"同堂"设计理念，通过场地的功能重塑、文化挖掘和设

（a）改造前　　　　　　　　　　　（b）改造后

图5-57　望南公园建成前后平面图

计细化,打造休憩与交往的人性空间。设计在尊重现有旧村格局基础上,将原有古巷连通,形成旧村内部景观主流线,同时拆除部分危房释放一定的公共空间,打造各具特色的"口袋公园",形成四大主要功能性空间,分别是:口袋公园、休闲空间、文化广场及休闲游廊、健身游乐空间。将无序空间变为有序空间,使得古村历史文化得到传承的同时营造出一个和生活贴近的、市民使用亲和的、适老适幼的、社会归属感强烈的社会向心空间(图5-58)。

图5-58 广州望南公园"同堂"社区公共空间

2)关注望岗村精神面貌,打造全新城市界面

除了已有建筑的改造更新,望南公园入口处也是一个结合了公共功能性和社区美观性的开放共享的多用途空间。通过精细化的设计,面向望南公园和村道打开了一个新的城市界面(图5-59),展示望岗村新形象。公园入口处定制设计了导视标识,并采用深色仿石铝板,将印有"望南村"字样的立体铭牌与周边公共设施相结合,打造古朴精巧的印象。在这里,公园内部的立面、铺装、景观设计语言被巧妙地拓展和延伸,呼应形成统一风格的同时吸引行人进入游览。

3)打造既可遮风避雨,又可供闲聊雅望的趣亭廊

望南公园中心是一个融合了传统文化元素的景亭。通过提取当地著名书法家黎湛枝的书法作品笔画,对书法笔画形态进行提炼转变,形成景亭结构的设计元素(图5-60),将场地独有的历史文化含蓄地融入景观再造

(a)改造前

(b)改造后

图5-59 广州望南公园城市界面改造前后对比图

图 5-60　广州望南公园亭廊设计元素提取概念图

中，呼应着古村落悠久的历史传承，将久远的过去与今天的市井生活紧紧相连。

景亭设计还提供了充满巧思的实用功能空间。孩童可攀爬、老人可闲坐、青年可拍照，为使用者欣赏公园其他景色时提供视觉上的隔断，使公园景致更加有层次感，树影斑驳、若隐若现，却又充满了生活气息。如图5-61所示，景亭空间与廊道空间运用开放式的错位隔断设计穿插相连，二者浑然一体。游人行走于其中，既可遮风避雨，又可闲望若隐若现的古宗祠，看过往人影，听热闹喧嚷。下午时分，阳光透过墙壁上的特殊形状镂空，将树影投射在铺装地面上，营造古朴温馨的氛围。

5.4.2　上海社区营造花园

1. 公园概况

580弄社区花园微更新项目是上海四叶草堂团队老旧社区微更新的代表性实践。该项目位于上海市杨浦区五角场街道，属于创智片区整体睦邻

图 5-61　广州望南公园廊道公共空间图

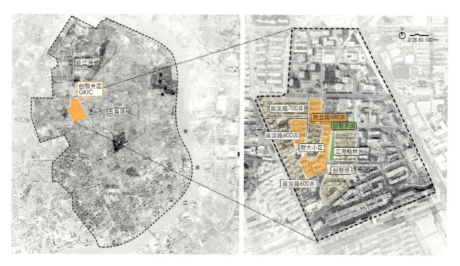

图 5-62　项目场地概况

建设的计划项目之一。创智片区内主要包括 5 个社区组团，以伟康路为界，东侧为高档商品房社区创智坊，西侧为老旧小区组团，包括 580 弄、财大、600 弄、700 弄（图 5-62）。

2. 公园品质提升要点——基于公众参与的社区微更新

2017 年始，四叶草堂团队通过公众参与社区微更新的实践探索，将创智片区由空间与社会矛盾聚集的片区转为"睦邻友好"社区更新的典范，

580 弄也由"老旧小区"实现"绿色自治",解决了高密度城市中绿色空间缺失、社会交往不足、邻里关系淡漠等问题。培育内生性力量是促进社区可持续发展的关键,四叶草堂在协作式参与过程中连接多方资源,以项目化的实践操作逐步培育出社区自营组织,实现可持续的自治管理。580 弄社区微更新项目从 2018 年年初开始,历时 3 年,第 1 年是基础,旨在广泛扩大居民的参与,建立起社区共识,在专业者的引导下共同完成社区整体规划,为后续的共同设计与营造奠定基础。第 2 年至 2020 年 5 月,借由共创小组的形式,让居民发挥主观能动性,在与设计专业者的平等对话中,完成节点设计与营建,实现社区自治。按社区更新进程与公众参与的渐进程度,可细分为四个阶段。以下结合各阶段的内容及实践成效进行具体论述。

阶段一:传播理念与扩大参与。社区营造活动的开展,始于社区资源与需求调查。四叶草堂走访居委会,在其协助下,通过座谈会、问卷调查、大型互动日等循序渐进的方式介入社区,传播此次社区更新的理念及意义,并深入、广泛了解社区核心问题与居民需求。其间的每一次活动、每一个动作都旨在扩大影响与引导参与。此阶段初步明确了居民关注的核心议题,包括围墙开门、公共空间改造等。期间,创智农园不仅为社区活动提供空间,作为在地性社区花园示范基地,而且启发了居民共同畅想建设美好家园的愿景。

阶段二:确立共识与引导规划。确立社区共识,是后续公众参与切实行动的关键。四叶草堂协助政府推进"睦邻家园"计划,并组织居民讨论社区自主提案,通过多角度协商的宏观视角,明确社区微更新的核心关键词为"围墙"与"增绿"。其后,联合多元主体成立了"共治的景观工作坊",以协力共创的方式,激励居民自发参与社区更新。最后,借由大型互动日进行成果公示与反馈。活动累积数百人参加,也有部分"保守派"担忧开门后存在安全隐患。此阶段聚焦于社区的整体提升。创智农园举办的睦邻系列活动,营造了熟人社区环境,并利用其完备的规模及社区服务功能开展工作坊,在多元协商交涉中逐步形成社区共识。

阶段三:社区培育与共同设计。整体规划后,落实到具体的节点改造阶段。四叶草堂组织居民开展了分阶段的社区培育计划。初级阶段旨在培养居民形成社区营造的基本理念,结合实操训练储备经验,同步推进设计。后一阶段借由共创小组的形式,公开招募各界人员参与创智片区微更新。

在与专业人士的共学共做中,提高居民将理论概念落实到行动的能力。此阶段重在社区培育与节点改造,通过创智农园连接多元化资源,建立跨界知识交流协作的平台,并提供专业化的社区培训,为社区主体共同营建与实现自治奠定基础。

阶段四:共同营建与实现自治。580弄社区营建工作计划于3~5年内完成全面更新。目前已完成一期围墙改造与自治花园馨园、朴门小花园的建设。"共创小组"通过陆续开展营建工作坊等形式,激发居民持续参与的动力。如图5-63所示,在"告别围墙"主题工作坊中,组织居民参与拆墙并回收砖块,将社区的故事"复兴",促使人们思考社区资源过去与未来的联系。

2019年8月,结合"共创小组"中期总结会,在创智农园举行了面向整个片区的"您好邻居:社区共创夏日派对",近500位居民参与了此次活动,多元群体在互动中彼此联结,也与场所建立了深层次的情感联结(图5-64)。

(a)夏日派对:"告别围墙"涂鸦活动

(b)夏日派对:砖绘活动

图5-63 上海杨浦创智片区政立路580弄社区花园共同营建活动

(a) 纳凉舞会　　　　　　　　　(b) 社区印象

图 5-64　上海杨浦创智片区政立路 580 弄社区派对

5.4.3　上海光音花园

1. 公园概况

光音花园位于上海市黄浦区复兴中路与济南路路口，面积约为 2740m²。花园中三座历史保护建筑修缮后重新焕发光彩。如图 5-65 所示，花园以自然清新、精致简约的庭院风格为特点，结合"演艺大世界""灯光秀"、红色体验空间等展示，打造绿色生态、时尚与历史相融、文化底蕴深厚的公共花园，营造草木丰茂、"有声有色"的游园体验。

图 5-65　上海光音花园鸟瞰图

2. 公园改造提升要点

（1）历史保护建筑修缮——光音花园内有三座历史保护建筑，为砖木结构石库门建筑，均有百年历史。黄浦区区委宣传部对建筑进行平移、保护修缮后，石库门头、拱券式山墙、红瓦屋顶、立柱装饰等重新焕发光彩，海派建筑艺术风貌得以重现与延续。之后三座保护建筑将被打造成为"复兴·风""复兴·雅""复兴·颂"主题展示场馆（图 5-66）。

（2）造园风格清雅——光音花园中历史建筑以东区域为类日式庭院风格的游园。如图 5-67 所示，造园风格上借鉴了日式庭院清新自然、简朴含蓄的风格，采用造型树、草坪、沙石、石景、石灯笼等元素，塑造抽象玄妙的意境氛围，打造小巧精致、简洁恬静的绿色生态空间。

三座历史保护建筑周边绿化延续东侧庭院风格,如图 5-68 所示,以红枫、紫薇等为主景植物,采用黄杨、大花六道木、水果蓝、杞柳等灌木,搭配玉簪、金光菊、松果菊、萱草、薰衣草等宿根花卉,并种植蕨类植物、观赏草等,打造层次丰富、清新自然的生态景观空间,与历史建筑相映互融。

(a)改造前　　　　　　　　　　(b)改造后

图 5-66　上海光音花园历史保护建筑修缮

图 5-67　上海光音花园东区绿色空间

图 5-68　上海光音花园历史保护建筑周边绿色空间

5.5 特色公园

5.5.1 北京海淀公园

1. 公园概况

海淀公园始建于2003年4月，作为2003年北京市、海淀区为市民所办60件实事之一，于9月6日建成并向社会开放。海淀公园先后于2007、2010年进行了景观及设施方面的整体提升改造，从而使公园有了标志性门区建筑，园内设施更完善、环境更优美。海淀公园东起万泉河路，西至海淀公园路，南到北四环路，北至新建宫门路，占地面积约33hm^2，其中园林绿化23hm^2，水面2.8hm^2。公园地跨畅春园、西花园等皇家园林遗址，在风格上秉承了畅春园的自然雅淡。园内选种了雪松、油松、云杉、银杏、碧桃、千头椿、合欢、洋白蜡等85种苗木共60余万株的景观植物。如图5-69所示，园内分布有淀园花谷、丹棱晴波、万泉漱玉、古亭观稼、仙人承露、讨源书声、御稻流香等景区，并设有露天剧场、儿童乐园和足球网球运动场等服务场所。

海淀公园是北京市首批应急避难场所，北京市重点公园、精品公园，全国首个科技主题公园，也是北京园林绿化科普教育基地、北京园林绿化科技创新示范区、海淀区互联网＋全民义务植树教育基地、海淀区青少年校外活动基地、海淀区健康主题公园。公园凭借得天独厚的自然条件以及天然美景，每年吸引着百万市民前来休闲娱乐，已成为科普教育、群众业余文化生活、特色文化活动的重要基地。公园

图5-69 北京海淀公园平面图

依托历史底蕴,创建文化活动品牌,开展丰富多彩的活动,满足不同层次群众的文化需求。每年举办各类科教文化活动数十场,其中自办的"插秧节、收割节"活动作为京西稻的一张传统文化名片,已是市民们每年最为关注的活动之一。

2. 公园改造提升要点

1)聚焦前沿科技,规划功能布局,打造全国首家科技主题公园

为全方位打造科技主题公园,重新规划布局功能分区,运用科技赋能的手段打造不同的功能,满足管理和服务等多方面需求。如图 5-70 所示,划分为未来空间科技区、儿童乐园娱乐区、三山五园文化区、雨水花园生态区四个功能区。功能布置充分考虑了不同游客的需求,将人工智能、物联网、大数据、云计算等技术,与公园服务、健身、亲子、科普、娱乐、音乐、文化、交通等元素相结合,打造出众多极具创新性的科技体验应用场景,成为全国首家科技主题公园。

为增强游客科技体验,促进更多科技应用场景落户公园,联手华为、百度等知名科技企业,按功能区块建成包括智能导览系统、智能步道、AR 太极(图 5-71)、电音花园、无人车(图 5-72)等设施的未来空间科技区;包括雨水收集互动等设施的雨水花园生态区;包括数字畅春园、智能语音亭(图 5-73)、智能座椅、智能灌溉等设施的三山五园文化区;包括骑行互动喷泉、数跑彩虹等设施的儿童乐园娱乐区。

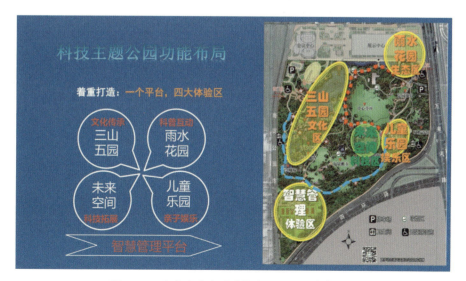

图 5-70 北京海淀公园科技主题公园功能布局图

图 5-71 北京海淀公园未来空间科技区全国首个 AR 太极应用场景

图 5-72 北京海淀公园未来空间科技区全国首个自动驾驶小巴车应用场景

图 5-73 北京海淀公园三山五园文化区全国首个智能语音亭应用场景

2）应用智慧管理平台，有效提升公园管理科技化、精细化、集约化水平

将科技有效应用于公园管理，建立一套全园物联网系统，一个智能管理平台系统（图 5-74）。物联网系统链接全园设置的监控头、水阀表、电表、智能终端、各类传感器以及各类科技体验装置，累计上线设备共 440 个，基本覆盖各项功能设备。智能管理平台系统设置环境感知、能耗感知、

交通管理、智能安防、养护管理、智能灌溉、照明管理、智能设施、运营感知九大功能模块,实施全园统筹管理。平台通过水质、土壤墒情、空气质量、光照度监测和控制管理系统,进行数据采集、传输、存储、分析等,实现在 PC 或手机端远程监测、预判、控制、响应、处置等智能化管理。从根本上提升公园日常管理的科技化、精细化、集约化水平。

3)智能灯杆系统,开启公园照明新模式

运用先进的物联网等技术,完成全园主要道路智能路灯改造。这类智能路灯(图 5-75)是华为公司为海淀公园专门定制型,融汇华为公司多项领先技术,可将红外人行感应、屏幕信息发布、广播、Wi-Fi、环境监测、

图 5-74 北京海淀公园智慧管理平台

图 5-75 北京海淀公园智慧灯杆系统

图 5-76　北京海淀公园数字畅春园

高清视频监控、紧急呼叫等多功能集为一体，实现集约化管理并较好地融入园林景观环境。其具有的自动开闭、亮度自控、用电量统计、故障自动巡检等多种功能，不仅提高运行效率，减少人工检修投入，同时较传统照明节约 70% 电能，开启了公园智慧照明的新模式。

4）科技赋能历史文化，再现三山五园畅春园历史风貌

海淀公园历史上为畅春园西花园遗址，为充分运用科技手段挖掘公园的三山五园历史文化，公园借助于虚拟现实与交互技术，实现畅春园建筑群的虚拟重建（图 5-76），并开发出 zSpace 畅春园典型建筑辨识系统、HTC 沉浸式的畅春园 VR 漫游交互系统、谐趣园 AR 交互漫游系统等多项科技体验设施。通过数字技术让参观公园文化体验的游客感觉仿佛穿越历史，亲身体验到"京西皇家园林——畅春园"的昔日盛景。

5.5.2　扬州宋夹城体育休闲公园

1. 公园概况

宋夹城体育休闲公园位于扬州蜀冈 - 瘦西湖风景名胜区的核心地带，占地 1000 亩。2005 年以前，为村庄、棚户区集中区。2005 年开始扬州市开始规划宋夹城湿地公园，实现与瘦西湖水路的连通，完成治理护城河水系污染、改善水环境及植被修复工作。2008 年根据考古发掘开始恢复建设宋夹城城门、城墙、十字街等古城格局，再现南宋抗金时期扬州宋夹城军营生活、训练场景，建成了宋夹城考古遗址公园。2013 年根据扬州民生一号文件《关于加快推进民生幸福工程 着力提升民生幸福水平的意见》要求，宋夹城又进行了升级改造（图 5-77），建成全民免费开放的集生态、休闲、运动、文化于一体的体育公园，于 2014 年 4 月 19 日向公众开放。

图 5-77 扬州宋夹城体育休闲公园总平面图

2. 公园品质提升要点

1）提亮点，对接自然与城市空间

宋夹城体育休闲公园地处城市核心区域，在城市喧嚣中感受大自然原生环境是宋夹城致力打造的目标与准则。通过营造沉浸式森林景观游览体验，在原有遗址（图 5-78）的基础上，因地制宜地栽种各类果树、乔木，着力培育适应本地环境的野趣景观（图 5-79），并不断作出景观调整，现如今，为方便游客更为轻松地游览景观，公园引进单人、多人游览观光电动车，方便游客深入游览，身心远离城市喧嚣，感受林间野趣。

2）人性化，关注全民大健康

公园拥有综合馆、网球馆、羽毛球馆、击剑馆、保龄球馆、乒乓球馆、七片室外网球场、四片室外篮球场、两片篮球练习场、五片笼式足球场、两片排球场、两片儿童篮球练习场、六片户外羽毛球场、高尔夫训练场、轮滑场等专业化运动场所，有环湖健身步道、自行车道、体育健身区、棋艺连廊、玫瑰花园、音乐广场、儿童游乐区、自行车租赁等免费全民健身项目，同时配套餐饮、购物、停车等服务（图 5-80）。全方位满足本地市民、外地游客的健身游览需求，更加人性化地提供各种运动休闲场合，关注全民健康。

近年来，宋夹城的活动和赛事的举办成为公园的亮点之一，五年来举办或承办各类活动赛事 900 余场次，从类型上分，宋夹城活动分为三个类

图 5-78　扬州宋夹城体育公园原址

图 5-79　扬州宋夹城体育休闲公园自然环境

型，一是政府机构举办的大型活动，二是由公园举办或承办的活动及赛事，三是部分和体育运动相关的商业活动或赛事（图 5-81）。这些活动的举办或承办都围绕"乐动、乐活、乐享"三大主题把它打造为宋夹城文化体育活动的口号和主线。

"乐动"是举办大型品牌赛事，主要有"扬州鉴真国际半程马拉松赛十公里终点站""2017 国际剑联女子佩剑世界杯赛""全国击剑冠军赛""江苏省第十九届运动会健身气功比赛"等。

"乐活"是举办文化活动，以"我们的节日"为依托，开展传统佳节，弘扬民族文化的节庆活动，如"金鸡报春新春游园会""灯谜结缘庆元宵汉文化活动""闲云茶会（女儿节）""我们的节日——欢乐粽动员"等，浓厚的节日活动氛围不仅吸引了市民的关注，而且彰显了公园的文化氛围。

"乐享"是以"乐享公益课程"为主题，分别设有琵琶、古琴、茶艺等学习课程，打造成独具特色的传统文化的传播之地。继续深入组织"书香宋夹城"主题的各类文化分享活动，如宋夹城心理健康驿站系列活动、古典诵读、读书分享会等各类艺术雅集（图 5-82）。

造园当随时代，建园当为百姓。宋夹城是扬州市公园体系建设的最早探索者，对于巩固公园建设成果，规范和完善公园管理服务，建设人民群众满意、历史可以传续的公园城市具有重大意义。从烽火硝烟的战争之城，到宁静野趣的考古遗址公

（a）综合健身馆

（b）室外篮球场

图 5-80　扬州宋夹城体育休闲公园健身场地

图 5-81　扬州宋夹城体育休闲公园活动和赛事

(a)棋艺长廊　　　　　　　　　　(b)文化展览馆

图 5-82　扬州宋夹城体育休闲公园文化活动

园和宋夹城生态湿地公园,再到幸福和谐的体育休闲公园,宋夹城历经了 800 年沧桑的淬炼,也实现了一次完美的凤凰涅槃。

5.5.3　广州石门国家森林公园

1. 公园概况

石门国家森林公园位于广东省广州市从化区东北部,东与南昆山自然保护区相连,西是从化温泉风景区,北与广州抽水蓄能电站、流溪河国家森林公园相望,总面积 2636hm^2,森林覆盖率达 98.9%。石门国家森林公园是在 1960 年建立的国营大岭山林场的基础上建立的。石门国家森林公园,是经原林业部于 1995 年批准建立的第一家国际森林浴场。公园里有华南地区仅存的原始次生林 1.6 万亩,被称为北回归线的一片绿洲,海拔 1210m 高的天堂顶为广州地区高山之最(图 5-83)。

自 2012 年起进行自然保护模式下的公园基础设施提升,到 2017 年制定三年建设计划,从森林生物多样性保护、森林游憩系统和森林文化服务功能提升三个方面全面提升森林公园的生态系统服务功能,在 2020 年 8 月成功创建国家 AAAA 级景区,并被国家林业局授予森林体验国家重点建设基地,被中国林场协会评为中国康养林场,是广东省首批省级森林康养基地。

2. 公园改造提升要点

1)低效林改造精准提升森林质量

石门国家森林公园总面积 2636hm^2,林地面积 2602.6hm^2,森林覆盖率达 98.7%,作为华南地区保存得较为完好的天然林,是广东省宝贵的自然财富,在广东省生态建设和促进经济社会可持续发展中具有十分重要的作用。如何实现低效林改造和森林质量精准提升,如何加强保护及采取哪些合理的可持续经营措施,是石门森林公园生态环境建设研究的重要内容。为了实现保护和发展共赢,自2012年始对公园质量较高的天然次生林实施无干扰保护恢复,通过无干扰自然保护恢复提高森林质量。经过5年的保护与恢复,2012年10月和2017年7月两次林分空间结构与物种多样性调查数据表明:与2012年相比,石门国家森林公园森林蓄积量明显提高,平均增加9.93m^3/hm^2,增幅达6.64%。蓄积增量高于广东省第八次森林资源连续清查结果5.45m^3/hm^2;物种多样性指数增加,五年间的森林蓄积增量显著高于广东省森林资源平均生长状况,生物多样性趋向稳定的状态(图5-84)。

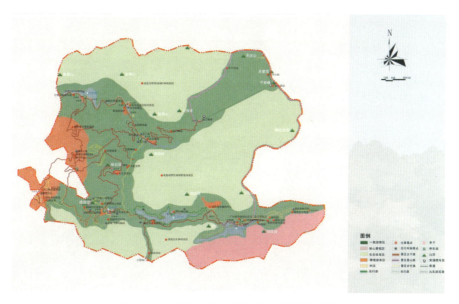

图5-83 广州石门国家森林公园总平面图

(a)石门国家森林公园红叶 (b)石门国家森林公园天池花海 (c)石门国家森林公园石门香雪

图5-84 广州石门国家森林公园森林质量提升

2）景点改造结合生态环境整治和森林文化培育，缝补生境

景点改造以自然生态环境为依托，但受极端暴雨天气的影响，山洪频发，对景点基础设施和生态环境都造成了不良影响，森林生境和基础设施在长期雨洪灾害的影响下受到侵蚀破坏，景点景观质量不断下降。因此，森林公园的景点改造以生态环境整治为先。以桃花源景点改造为例，桃花源景点（占地 5.5hm^2）位于石门森林公园石门景区内唯一一条河流——白芒潭河上游的石门谷，石门谷长约 2.1km，谷内两边林木遮日，谷中溪流幽幽，蝶舞弄影，群石大小各异，古藤千姿百态，并分布着几十个自然景观景点。如图 5-85 所示，桃花源景点位于开阔的山坡地，四周连绵的常绿阔叶林形成自然的屏障，南面为白芒潭河自南往北流经，自东北往西南海拔高度为 265~300m，纵坡坡度为 14%。东北侧为森林公园核心保护区域，是广东省内面积最大的典型的常绿阔叶林群落，和桃花源景点交界处为一峡谷，峡谷汇集了常绿阔叶林群落里的溪流，谷中溪流潺潺，彩蝶飞舞。由于峡谷和白芒潭河之间水系不连通，植被群落不连续，导致生境破碎化。缺乏"踏脚石"生境，阻碍了野生蝴蝶的繁衍生息，影响其种类丰度和多样性指数。另外，每年夏季台风、暴雨或特大暴雨期，强降雨引起的山洪夹带山石和泥土直接从峡谷冲刷进桃花源，顺着地势纵坡再流入白芒潭河，对区域自然环境尤其植被群落造成灾害性影响。

如图 5-86 所示，场地位于沟谷地带的空旷地，地形已自然形成两侧高中间低地势，视野开阔。场地平均纵坡为 14%，光照条件较好。控制蝴蝶活动范围内的植物群落郁闭度在 0.6 以下。为了不影响峡谷（作为森林公园

（a）原有场地反复遭受山洪侵蚀，山洪夹带大　　　　　　（b）改造后
量碎石、泥沙冲刷地表，侵害基础设施

图 5-85　广州石门国家森林公园桃花源景点改造前后对比图

(a) 改造前　　　　　　　　　　(b) 改造后（一）

(c) 改造后（二）　　　　　　　(d) 改造后（三）

图 5-86　广州石门国家森林公园蝴蝶生境改造前后场地现场照片

核心保护区）内动物自然繁衍，避免受桃花源景点开放的人为干扰，在景点和峡谷交界处建立了缓冲区，通过堆坡结合置石和植物组群，作隔离带，避免游客进入。设计一条连通峡谷到白芒潭河的溪涧是整个规划的重点，不仅供蝴蝶吸水，营造湿润的环境，更重要的是作为应对山洪的绿色基础设施，让该片栖息地免受山洪灾害的影响。增加水泵，让景点水形成内循环，利用地形垂直高差形成多层级跌水，以加强水的流动，弥补季节性雨水不足，从而提高空气湿度，形成利于蝴蝶生存的小气候条件。根据相关研究，水深超过 6~10cm 容易让蝶类感到不安，所以溪涧水深控制在适宜的高度，并且形式多样：跌水、溪涧、生态池等，同时吸引蜻蜓等水生昆虫和蛙类等，在较开阔的水岸增设露出水面的置石，供蝴蝶停留休憩。另外，如玉斑凤蝶、绢斑蝶、报喜斑粉蝶等优势品种喜欢在溪涧边缘栖息，获取盐类和氨基酸。因此，利用枯木、自然山坑石、卵石搭配水生植物、寄主植物、蜜源植物，改善原有硬质驳岸，模仿自然溪流的环境特征，营造适合溪流生物栖息的生境。

3）人性化基础设施提升串联，打造康养生态旅游基地

公园基础设施改造以保护和恢复自然植被为前提进行，结合公园自然资源，增加环山精品旅游步行径、红叶观赏步行径、亲水漫步径和广州最高峰登山步径等多条人性化、多样化、多功能游览步道（图5-87），加强景点之间的串联，形成具有持续吸引力的生态旅游产品，并结合环境教育，提升生态游憩功能。改造后石门国家森林公园深受粤港澳大湾区游客喜爱，据统计，公园年平均游客量达30万人，最高峰一天接待游客超1万人次，年营业收入达1000万元。

如图5-88所示，为保护现状禾雀花藤，花架廊采用"仿生"设计手法，用"塑藤"的工艺为现状禾雀花提供自由攀缘的空间，也为游客提供亲近自然的宜人休息空间。

图5-87 广州石门国家森林公园原始禾雀花藤丛林中的栈道

图 5-88　广州石门国家森林公园仿生花架

附录一　上海市公园品质提升暂行规范

1　总则

1.1　为了进一步改善公园园容园貌，完善公园服务功能，提高公园管理水平，制定本规范。

1.2　本规范依据《迎世博加强市容环境建设 600 天行动计划纲要》和《园林绿化养护技术等级标准》等编制。

1.3　本规范适用于列入迎世博 600 天行动计划中调整改造的公园和园容园貌改善提高的公园。

2　基本原则

2.1　植物造景，提升公园景观面貌，以人为本，增强公园服务功能。

2.2　节能环保，完善公园基础设施，依法管理，提高公园管理水平。

3　术语和定义

下列术语和定义适用于本规范。

3.1　公园品质提升

通过实施公园整治和老公园改造，优化布局结构，提升景观质量，保持园容卫生，完善基础设施，提高管理水平，增强服务功能。

3.2　花坛

指应用一、二年生花卉、球根花卉和温室花卉等为主，种植成规则或不规则的、群体的、平面图案精细的、具平面美观效果的布置形式。

3.3　花境

指以宿根花卉为主，间有其他类型的灌木花卉或观赏草的带状或自然块状布置形式。大多位于树林、树丛、草坪、道路、建筑等边缘，具有季相变化和立面效果。

4 技术要求

4.1 优化布局结构,提升景观质量

4.1.1 优化布局结构。

在保留公园原有良好历史风貌和文化特色的基础上优化公园的总体布局。公园功能或布局的调整,应根据公园性质、现状条件和游人特点,确定各分区的规模及特色。合理增加场地铺装,满足游客锻炼需求。

4.1.2 提升景观质量。

植物配置合理,季相明显,四季有花。五星级公园应辟建占绿地面积2.5%的花境、花坛,其中花坛面积占20%。四星级公园应辟建占绿地面积1.5%的花境、花坛,其中花坛面积占15%。提倡通过增加园林小品、立体绿化等方式造景。

4.1.3 公园绿化植物养护应按上海市工程建设规范《园林绿化养护技术等级标准》(沪建设〔2005〕375号)执行。

4.1.4 对具有一定历史纪念意义的绿化景观、景区,必须加强管理。

4.1.5 古树名木保护应符合《上海市古树名木资源管理规定》的各项要求。

4.2 保持园容卫生

4.2.1 园容卫生的总目标是:整洁、优美、清新、完好。

4.2.2 绿地内应做到无垃圾、无大型杂草、无黄土裸露。

4.2.3 道路地坪应保持清洁,日常保洁工作不得影响游客正常游园活动。

4.2.4 水面应当保持清洁,做到水面无漂浮杂物,无异味,无蚊蝇孳生,严格控制富营养化。

4.2.5 园林小品雕塑、花架、喷泉、垒石、汀步、栏杆、景门、景墙等设施,应定期清洁、维护和检查,保持设施完好、清洁、美观。

4.2.6 厕所应当做到引导标识醒目,设施完好,便池洁净,定期消毒,无陈垢,无堵塞。室内明亮无污迹,墙面、地面干净。

4.2.7 垃圾箱(房)应保持垃圾箱(房)内外干净,当日清。提倡垃圾分类收集。

4.2.8 施工场地应做到文明施工,施工现场应做到有遮挡,严格控制扬尘,保持外围区域整洁。

4.3 完善基础设施

4.3.1 园林建筑。新建、改建建筑物应符合公园总体设计的要求。公园内不得修建与其性质无关的、单纯以营利为目的的建筑。建筑占地面积和高度必须符合公园设计规范。亭、廊、花架、敞厅等供游人游憩的建筑，要满足游人使用或赏景的要求。管理设施和服务建筑的附属设施，其体量高度应按不破坏景观和环境的原则严格控制。

4.3.2 标识系统。园内指示牌，导游图，简介、游园规则牌，动、植物铭牌，宣传牌，安全告示，警示牌以及公共信息图形符号牌等的制作应符合相关规范，并有中英文对照，或配有拉丁学名。设置位置醒目，并保持完好。

4.3.3 通道、铺装。公园主要园路应具有引导游览的作用，要做到明显、通畅，便于集散。生产管理专用路不宜与主要游览路交叉。生产车辆进出不得影响游客的正常游园活动。铺装场地应根据集散、活动、演出、赏景、休憩等使用功能要求作出不同设计。安静休憩场地应利用地形或植物与喧闹区隔离。场地铺装和结构层要采用透水、透气、防滑和无污染材料，减少铺装对原有树木、土壤和水体等产生的不利影响。道路、平台步级、路沿、护栏保持平整、完好。

4.3.4 管线设施、灯光照明设施、灌溉水电设施、管线铺设应符合水电行业的技术安全规范，下水道畅通，做好节能减排工作。照明设施提倡使用太阳能、风能等节能灯具。灌溉提倡使用河水或雨水。

4.3.5 无障碍设施。创建无障碍环境，主园路、出入口、厕所等基础设施及建筑设施应符合《无障碍设计规范》GB 50763 中的有关规定。

4.3.6 其他设施。园椅、园灯、宣传栏等设施应做到整洁美观，外观完好，安全牢固。

4.4 提高管理水平，增强服务功能

4.4.1 园内一切管理服务活动必须服从整体功能的需要和总体规划，遵守国家的有关法律、法规，遵从职业道德，坚持为游客服务的宗旨。

4.4.2 管理机构健全，管理人员配备合理。贯彻"优质服务，信誉第一"的经营方针，树立文明礼貌、买卖公平的服务宗旨，经营场所的店招店牌设置合理。工作人员仪表端庄，佩戴胸卡，站立迎客，使用文明用语。

4.4.3 公园游艺设施管理按照《特种设备安全监察条例》（中华人民共

和国国务院令第 373 号）及市绿化管理局、市质量技术监督局的相关规定执行。

4.4.4 设有咨询、投诉受理点和投诉监督电话及信箱。投诉处理应及时、妥善，有完整的记录档案。

4.4.5 喷水池、叠泉的循环水装置保持完好，定时开放，并向游客公布开放时间。

4.4.6 举办大型活动应按相关规定办理行政许可。完善各类自然灾害、治安事件的安全应急预案。

4.4.7 提倡新材料、新技术的应用，提倡枯枝、雨水循环利用，提倡病虫害生物、物理防治。

4.5 安全和技防

4.5.1 组织机构健全，安保人员应统一着装，实行动态巡逻。

4.5.2 重点要害部门应落实技防、物防措施，符合公安部门要求。

4.5.3 园内机械设施（包括园林工具）要保持良好的运行状态，无安全隐患，达到安全标准。操作人员应经过培训，持证上岗，规范操作。

4.5.4 园内不得乱放器材、工具，易燃物品、农药、消防设施有专人管理，按规定配置消防器材，有义务消防人员，消防器材完好率 100%。备常用药品，有协助紧急救援措施。

4.5.5 园内无火灾事故，安全生产无重大事故，进园车辆符合有关管理规定。

4.5.6 建立安全、保卫岗位责任制，档案资料齐全，每月及时向上级部门填写月报表。

5 评价方法

5.1 专家评审

组织相关专家对照调整改造规划方案及相关标准，对完成调整改造任务的公园进行现场检查并出具书面检查结果报告，对报告中提出的相关问题要求及时整改。

5.2 游客评判

采取由所在区绿化管理部门发放市绿化管理局制作的《公园改造游客满意度调查表》的方式，对游客进行随机访问，对完成改造任务的公园就基础设施、服务设施、服务内容、绿化景观等内容，请游客作出评判。

本规范用词说明

执行本标准时，对要求严格程度的用词作如下规定：

一、表示很严格，非这样做不可的用词：

正面词采用："必须"；反面词采用："严禁"。

二、表示严格，在正常情况下均应这样做的用词：

正面词采用："应"；反面词采用："不应"或"不得"。

三、对表示允许稍有选择，在条件许可时首先应这样做的用词：

正面词采用："宜"或"可"；反面词采用："不宜"。

本规范主要起草单位：上海市绿化管理局

附录二　上海市智慧公园建设导则（试行）

1　总则

1.1　本导则规定了上海市智慧公园中单体公园建设的基本导则、具体内容和技术要求。

1.2　本导则适用于上海市综合公园、专类公园和社区公园的智慧基础设施、安全保障、公众服务、运营管理和综合运营服务平台建设。

1.3　本导则的建设要求须贯穿上海市智慧公园开发建设的规划设计、建设、管理和运营过程。

1.4　上海市智慧公园的建设设计除应符合本导则外，尚应符合国家和上海市现行有关标准的规定。

1.5　本导则自发布之日起施行。

2 术语

2.1 智慧公园

智慧公园是利用新一代信息与通信技术，通过精细动态的感知监测，分析、控制、整合公园各个关键环节的资源，实现公园精细量化的高效运营管理和便捷互动的贴心公众服务，创造一个安全、绿色、和谐的公园环境。

2.2 综合公园

综合公园是指内容丰富，有相应设施，适合于公众开展各类户外活动的规模较大的绿地。内容应包括多种文化娱乐设施、儿童游戏场和安静休憩区。

2.3 专类公园

专类公园是以某种使用功能为主的公园绿地，包括动物园、植物园、森林公园和其他类公园。

2.4 社区公园

社区公园是指为一定居住用地范围内的居民服务，具有一定活动内容和设施的集中绿地。

3 一般规定

3.1 总体目标

3.1.1 形成指导上海市智慧公园建设的可复制、可推广的建设规范要求。

3.1.2 上海市智慧公园的建设是将公园的管理与公园的智慧基础设施、安全保障、对游客的智慧服务集中建设，全面实现公园智慧化运营管理建设。

3.1.3 整合当前国内外智慧公园的先进和适用技术，集成应用地理信息系统（GIS）、遥感（RS）、全球定位系统（GPS）、无线射频识别（RFID）、电子商务（EB）、虚拟现实等现代科学技术和方法，整合各类公园、旅游智能化和信息化资源，搭建信息基础设施、数据基础设施、信息管理平台和决策支持平台。

3.1.4 实现公园服务、管理的智慧化，为游客提供更好的公共服务和安全保障。

3.2 基本原则

3.2.1 符合国家和上海市智慧城市、智慧旅游建设政策和要求，符合上海市绿化与市容管理信息化发展要求。

3.2.2 建设内容应与上海市智慧城市、智慧旅游建设内容对接，融入上海市绿化与市容管理的信息化建设体系。

3.2.3 智慧公园的规划、设计、建设遵循国家、地方和行业相关标准、规范。

3.2.4 应用适度超前的先进、适用、节能、优化集成的技术体系和设备体系。

3.2.5 实行严格的质量监控，达到国家信息化系统工程及智能化工程相关的验收标准，提高工程的优良品率，创优质工程。

3.2.6 贯彻国家和行业相关信息安全技术标准，确保信息安全。

4 智慧公园建设要求

根据智慧公园建设的总体目标和基本原则，对上海市综合公园、专类公园、社区公园的服务要求和管理需要，对智慧公园中智慧基础设施、智慧安全保障、智慧公众服务和智慧运营管理及综合运营服务平台等五个方面作出如下建设要求。

4.1 智慧基础设施

4.1.1 智慧基础设施部分建设内容应按下表配置。

序号	网络与通信	综合公园	专类公园	社区公园
1	综合管线系统	●	●	●
2	计算机网络	●	●	●
3	无线对讲系统	◎	◎	◎
4	机房工程系统	◎	◎	○
5	Wi-Fi 网络系统	●	●	●
6	给水排水系统	◎	◎	○
7	新风及空调控制系统	◎	◎	○

注：●—应配置；◎—宜配置；○—可配置。

4.1.2 智慧公园智慧基础设施的建设要求。

（1）综合管线系统应成为公园整合智能化系统信息传递的通道，管线应直埋，若受条件限制时，管线可架空敷设，但必须避开游客集散区。

（2）计算机网络应满足公园内各类信息传输的需求，充分利用政务外网资源。接入互联网时，应设置防火墙。

（3）无线对讲系统宜满足公园内安保人员互相通信联络、安全管理的需求。

（4）机房工程能保障公园智慧化系统服务器、主机等设备的正常运行，并要考虑未来扩展的需求。

（5）所有公园的 Wi-Fi 网络系统宜纳入上海市 Wi-Fi 接入平台统一建设，单个公园需自建 Wi-Fi 网络系统时，应实现游客免费上网，且有效覆盖公园出入口、游客集散区、经营服务区等位置。

（6）楼宇自控中给水排水、新风及空调的建设要求可参考建筑行业相关规定。

4.2 智慧安全保障

4.2.1 智慧安全保障设施建设内容应按下表配置。

序号	安全防范	综合公园	专类公园	社区公园
1	视频安防监控系统	●	●	●
2	智能门禁系统	◎	◎	◎
3	防盗报警系统	◎	◎	◎
4	巡更系统	●	●	◎
5	停车场管理系统	◎	◎	◎
6	背景与应急广播系统	●	●	◎
7	游客量监测	●	●	●
8	智能求助系统	●	●	◎
9	火灾自动报警系统	●	●	●
10	森林防火监测系统	○	○	○

注：●—应配置；◎—宜配置；○—可配置。

4.2.2 智慧公园智慧安全保障设施的建设要求。

（1）应采取集中式安全防范，在公园内设置监控中心，通过统一的管理平台集成各安防子系统，并预留与上级管理系统的接口。监控中心应与公安部门联网。

（2）视频安防监控系统的建设要求：

①应对公园出入口、游客集散区、经营服务区等处进行实时视频监控，并支持远程查看、回放与存储。新、改建项目应采用高清数字化摄像机，室外重要区域的摄像机应具有透雾、防抖、局部放大等功能。

②布点原则应符合以下要求：

公园出入口每 4~10m 应设置一个监控点。

游客集散区、经营服务区等人员密集场所每 60~180m^2 应配置一个监控点。

公园内道路主干道每 40~60m 应设置一个监控点。

公园周界、围墙（栏）处每 100~500m 应设置一个监控点。

公园建筑物室内监控点配置应按建筑行业相关规定执行。

（3）智能门禁宜根据公园安全管理的需求，在主要出入口、重要设备机房等处设置终端，对持卡人通过卡片授权，实现不同门禁区域管理，控制何人何时可进入何处。

（4）防盗报警系统宜根据公园安全管理的需求，在主要出入口、周界、重要设备机房等处设置终端，利用探测技术发现非法进入的行为，处理和发出报警信息。

（5）巡更系统应能实现按照预设巡更点，通过信息识读器对安保人员巡逻的工作状态进行监督、记录，并能对意外情况及时报警。

（6）带有停车库（场）的公园都宜配置停车库（场）管理系统，对车辆通行道口实施出入控制、监视、行车信号指示、停车管理、计费等功能，有条件的公园宜配置充电桩。

（7）背景与应急广播系统应覆盖全园，声音清晰，由监控中心统一控制。系统应实现分区域设置，按正常情况进行播放程序，遇紧急情况时，可立刻将背景广播转换为紧急广播。

（8）游客量监测系统应实现入园人数、在园人数和滞留热点地区人数的实时统计与监测，当游客量超限时系统自动报警。

（9）智能求助应根据安全管理的需要，在出入口、游客集散区、经营服务区等处设置终端,终端应具有明显的求助标志,可与监控中心通话。终端应操作简便,以便公园内的老人、小孩求助使用。系统应与地理信息系统相结合,各终端应具备自我定位功能。

(10)火灾自动报警系统应根据上海市消防建设规范进行建设,并留下接口与公园应急系统及消防部门联网。占地面积 50hm² 以上的公园,以及森林公园、郊野公园必须配置森林防火监测系统,其他公园应根据实际情况配置。

4.3 智慧公众服务

4.3.1 智慧公众服务设施建设内容应按下表配置。

序号	智慧应用	综合公园	专类公园	社区公园
1	二维码铭牌识别系统	●	●	○
2	电子导览系统	●	●	◎
3	电子票务系统	●	●	○
4	信息发布系统	●	●	◎
5	自助查询系统	◎	●	○
6	公园门户网站	◎	◎	○
7	公众号服务	●	●	●
8	虚拟公园	◎	◎	○

注:●—应配置;◎—宜配置;○—可配置。

4.3.2 智慧公园智慧公众服务设施的建设要求。

(1)二维码铭牌识别系统由上海市绿化与市容管理局建立行业统一标准,搭建公园的二维码管理平台,再根据公园需要配置相关内容。系统应在公园入口、相关景点、动/植物铭牌上设置二维码,游客扫码后可进入对应事物的介绍页面,获得相关资讯。

(2)电子导览系统应结合公园内景区景点分布情况,在游客游览时,提供游园线路,通过手机或其他设备进行定位及景点介绍,将观赏对象的人文、历史知识等传递给游客。

（3）收费公园应配置电子票务系统，可通过网络支付方式获取电子门票，在公园入口通过认证设备进行验证。系统应结合速通门、闸机等设备，提供入园人数统计的功能。

（4）信息发布系统和自助查询系统应在公园出入口、游客集散区、经营服务区等位置配置终端，系统应支持图像、声音、动画等多媒体格式，提供导览、餐饮购物、主题活动、生态环境、游园人数等信息。自助查询系统宜配置触摸屏。

（5）公园门户网站可采用虚拟化的建设方式，在政务云或上海市绿化和市容管理局的虚拟空间上建立网站服务内容。公园门户网站应包括公园宣传、游园导览、游客服务、科普信息、主题资讯、游客互动等主要内容。门户网站中对游园路线、景点介绍、安全求助等内容宜与公园地理信息系统（GIS）相结合。

（6）公众号服务包括公园宣传、游园资讯、电子门票、天气预报、游客互动等信息，应有主动推送信息方式。

（7）虚拟公园宜对公园旅游线路、重要景点、历史文化建筑、重点保护动/植物等建立三维仿真场景，建立视觉、听觉、触觉、运动等感知环境，让游客有逼真的虚拟公园游览体验。

4.4 智慧运营管理

4.4.1 智慧运营管理设施建设内容应按下表配置。

序号	智慧应用	综合公园	专类公园	社区公园
1	业务办公管理	●	●	◎
2	病虫害预防	◎	◎	◎
3	景观照明系统	●	●	○
4	智能路灯系统	◎	◎	○
5	智能灌溉系统	◎	◎	○
6	游客投诉管理	●	●	◎
7	动/植物养护管理	◎	◎	○

续表

序号	智慧应用	综合公园	专类公园	社区公园
8	智能建筑集成管理	◎	◎	○
9	生态环境监测	●	●	○
10	公园专业网格化管理	●	●	○
11	应急指挥管理	●	●	◎

注：●—应配置；◎—宜配置；○—可配置。

4.4.2 智慧公园智慧运营管理设施的建设要求。

（1）业务办公管理宜采用上海市绿化和市容管理局业务办公平台，在获取软件使用许可后部署使用。

（2）夜间开放的综合公园和专类公园，根据观赏需要，应设置景观照明，照明的动态变化效果应适当，不能影响到附近居民。系统应与安全防范监控中心联动，在应急情况下，自动关闭景观照明的动态变化效果，保持灯光长亮。

（3）智能路灯宜采用LED照明技术，并配置光源感应器，可根据室外亮度的变化自动开关和调整照度。系统应支持多模块组合，与信息发布、视频监控、紧急救助按钮、充电桩、微基站等共建，路灯杆唯一编号，可提供参照定位功能。系统应与监控中心联网，在应急情况下，可实现灯光长亮并保持最大照度。

（4）智能灌溉系统宜根据周边的气象环境、土壤水分等数据进行综合分析，结合灌溉对象的特性，定时定量定点对植物进行自动灌溉，能对各种植物各阶段的水量进行精确供应。

（5）游客投诉管理应汇集电话、邮箱、门户网站、公众服务号等投诉渠道，进行统一受理与综合处置。

（6）智能建筑集成管理根据各公园智能化系统建设情况，集成公园内已建智能化系统，包括智能建筑自动化系统（BA）、安全防范系统（SA）和消防自动报警系统（FA）等，在一个统一界面上集中监控。

（7）生态环境监测通过自身建设或采用第三方实时数据的方式，对公园内空气质量、水质、土壤环境、噪声、温湿度等环境数据进行全面监测，对生态环境数据宜通过信息发布系统、门户网站、公众号等方式向公众实时发布信息。

（8）公园专业网格化管理应建立市、区、公园三级平台，对上海市公园环境、卫生、绿化、治安进行综合治理。

（9）公园须制定应急预案库，应急指挥针对公园内突发事件，参考各类设备的实时动态数据信息，结合地理信息系统（GIS）和建筑信息模型（BIM）静态数据，充分调用应急资源，按照应急预案进行综合处置。

4.5 综合运营服务平台

智慧公园综合运营服务平台是综合公园各类分散、异构的信息化应用和智能化工程，通过统一的访问入口，在一个统一平台上进行系统集成、数据融合、应用整合，提供一个支持消息访问、传递以及协作的集成化环境，实现公园管理和服务的高效开发、集成、部署，在平台上实现智慧公园的全方位运营管控，为公众提供有效的智慧公园信息服务。

同时，智慧公园综合运营服务平台与市级公园管理平台及智慧城市进行对接，为上级平台提供单体公园各项管理要求数据，也能从上级平台得到有利于公园运营管理和安全服务的公共资源信息。

智慧公园综合运营服务平台建设要符合以下要求：

（1）面积较大、游客量较大的综合公园和专类公园，以及在此基础上有示范效应的社区公园，应建设智慧公园综合服务平台。服务平台根据公园信息化基础情况，自行选择建立单个公园实体平台，或借助上海市绿化和市容管理局或者其他政务云上建立的共享虚拟平台。

（2）数据格式应在上海市绿化和市容管理局的指导下有统一的分类和编码规则，以利于数据交换和融合。

（3）基础数据库应包括公园中道路、河流、建筑、植被等基本数据，专类公园还可包括动/植物引种、动/植物养护等运营维护业务数据。

（4）基础数据库中的地理信息系统（GIS）应统一建立在上海市绿化和市容管理局，并与遥感（RS）地图及GPS紧密结合。可针对公园地下管线及重点区域建筑设立建筑信息模型（BIM），以助于设备运维管理及报警定位。

（5）专业数据库的数据存储与计算宜在各公园本地，并充分结合利用云存储与计算资源。

（6）大数据分析功能宜在上海市绿化和市容管理局市级平台上实现，大数据分析数据来源及结果，在公园平台与市级平台应达到实时交互要求。

（7）平台应与智慧城市、智慧旅游、智慧交通等进行数据对接、数据整合和数据交互。如城市地理信息，公园空气质量监测，气象预报，公园周边交通、停车场、餐饮、酒店等内容，可以借助智慧城市、智慧旅游、智慧交通的建设成果。

规范性引用文件

下列文件中的条款，通过本导则的引用而成为本导则的条款。

《上海市绿化条例》

《上海市公园管理条例》

《公园设计规范》GB 51192

《城市园林绿化评价标准》GB/T 50563

《国家园林城市标准》

《城市绿地分类标准》CJJ/T 85

《上海市公园改造规划与设计指导意见》

《建筑设计防火规范》GB 50016

《工业建筑供暖通风与空气调节设计规范》GB 50019

《火灾自动报警系统设计规范》GB 50116

《数据中心设计规范》GB 50174

《综合布线系统工程设计规范》GB 50311

《智能建筑设计标准》GB 50314

《建筑物电子信息系统防雷技术规范》GB 50343

《安全防范工程技术标准》GB 50348

《通信管道与通道工程设计标准》GB 50373

《公共广播系统工程技术标准》GB/T 50526

《绿色建筑评价标准》GB/T 50378

《出入口控制系统工程设计规范》GB 50396

《建筑设备监控系统工程技术规范》JGJ/T 334

《无线局域网工程设计规范》YD 5214

《电子巡查系统技术要求》GA/T 644

《视频安防监控系统技术要求》GA/T 367

《城市景观照明一般设计规范》

《电动汽车充电基础设施发展指南（2015-2020年）》

本导则用词说明

一、表示很严格，非这样做不可的用词：

正面词采用"必须"，反面词采用"严禁"；

二、表示严格，在正常情况均应这样做的用词：

正面词采用"应"，反面词采用"不应"或"不得"；

三、表示允许稍有选择，在条件许可时首先应这样做的用词：

正面词采用"宜"，反面词采用"不宜"；

四、表示有选择，在一定条件下可以这样做的用词，采用"可"。

附录三　上海市公园绿地市民健身体育设施设置导则（试行）

1　总则

1.1　为发挥公园绿地的社会服务功能，规范公园绿地内市民健身体育设施配置，根据《上海市公园管理条例》《上海市绿化条例》《上海市市民体育健身条例》《上海市体育设施管理办法》《公园设计规范》GB 51192 等规范性文件，制定本导则。

1.2　本导则适用于本市公园绿地内市民健身体育设施的设置。

1.3　公园绿地市民健身体育设施设置应符合国家和上海现行有关法律法规、标准规范的规定。

1.4　公园绿地是指向公众开放，以游憩为主要功能，兼具生态、景观、文教和应急避险等功能，有一定游憩和服务设施的绿地（G1）。

1.5　公园绿地市民健身体育设施是指设置在公园绿地中，用于群众体育健身活动的各种场地、建筑物、构筑物、固定设施等。

1.6　体育专类公园是指在绿地系统规划中规划为以体育功能为主的

城市专类公园。

2　基本原则

2.1　功能布局合理。在公园绿地建设过程中，可以从功能性、实用性、参与性等角度出发，适当设置市民健身体育设施，确保市民健身体育活动的有序进行。公园绿地内市民健身体育设施的设置应与公园绿地的功能定位、景观风貌相协调。

2.2　符合规范要求。公园绿地内市民健身体育设施设置应符合公园设计规范、城市绿地设计规范等规范性文件要求，市民健身体育设施是公园绿地内各类活动设施的组成部分，应在规范允许的前提下合理设置。

2.3　倡导复合使用。公园绿地内各类市民健身体育场地倡导复合使用，可以充分利用公园绿地现有的广场和开放区域开展跑步、健身操等健身活动，设置体育运动场地的，可以通过合理安排开展多项运动。

2.4　公共、开放、公益。公园绿地内的市民健身体育设施应确保公共性、开放性和公益性，不得设置以盈利为目的的体育活动设施和场所。

3　分类设置

3.1　已经建成的公园绿地中，可以根据实际情况设置健身点、健身步道等，一般不再新设球类项目，同时严格保护既有树木。其中，历史名园、专类园应通过专业论证后方可设置。

3.2　新建城市公园中，综合公园和社区公园应按照丰富公园绿地的功能需要，综合考虑在公园绿地内设置相对集中的市民健身体育活动区，并设置相应的设施；开放式公共绿地按照此条款设置。

3.3　新建体育专类公园，按照公园设计规范等相关要求，以及公园的规划要求和体育功能，设置必要的管理和服务配套设施。

3.4　新建其他专类公园，如动物园、植物园、儿童公园等在不影响整体规划和公园风貌的前提下，根据公园具体情况适当设置健身点、健身步道等，禁止设置球类项目。

3.5　新建郊野公园，可以按照用地规划和土地属性情况，结合公园的功能定位，合理设置各类体育活动设施。

4 具体要求

4.1 城市公园中市民健身体育设施的指标纳入公园技术经济指标，并应符合相关规范的要求。在指标统计时，以沥青、混凝土、广场砖、人工塑胶、人工草坪等硬化的运动场地应统计入公园绿地的园路铺装面积，草地、泥地、沙地等非硬化的运动场地可统计入公园绿地的绿化面积。

4.2 倡导复合使用城市公园中的广场和园路，健身点可以结合广场设置，健身步道可以结合园路设置，其中需播放音乐的健身广场，应符合噪声管理的相关规范要求，设置一定宽度的隔离带，并配备分贝仪，确保噪声不扰民。

4.3 足球、篮球、排球、网球等球类场地，应相对集中设置于健身体育活动区内，其功能应和公园绿地各功能区的功能相协调，特别是与公园绿地核心景观区、安静休憩区等应保持适当的距离，并进行适当隔离；与居民区应保持一定距离，并设置一定宽度的隔离带，确保健身体育活动不扰民。各类运动场地不得设置看台等建、构筑物。其中，公园绿地面积小于 $5hm^2$ 的，不得设置足球、篮球、排球、网球等球类设施。

4.4 较大规模的城市公园游憩服务建筑设置时，在充分考虑其他游憩服务功能的情况下，允许在体育活动区范围内设置室内体育活动场所，室内体育活动场所应严格控制，其规模不大于公园绿地面积的 0.5%。其中，公园绿地面积小于 $20hm^2$ 的，一般不宜设置室内体育设施。

4.5 集中设置的市民健身体育设施的健身体育活动区，占地面积的规模应控制在公园绿地面积的 10% 以内，并倡导设置非硬化的运动场地。

4.6 相关管理和运营单位应加强安全管理与检测，及时报废或更换超过使用年限的设施。

公园绿地内市民健身体育设施的综合管理要求，将另行发布有关管理办法明示。

参考文献

[1] 李雄，张云路. 新时代城市绿色发展的新命题：公园城市建设的战略与响应 [J]. 中国园林，2018，34（5）：38-43.

[2] 吴岩，王忠杰，束晨阳，等. "公园城市"的理念内涵和实践路径研究 [J]. 中国园林，2018，34（10）：30-33.

[3] 王宏达，李方正，李雄，等. 公园城市视角下的城市自然系统整体修复策略研究：以成都市东进区域为例 [J/OL]. 中国园林，2021，37（12）：32-37. DOI: 10.19775/j.cla.2021.12.0032.

[4] 张云路，高宇，李雄，等. 习近平生态文明思想指引下的公园城市建设路径 [J]. 中国城市林业，2020，18（3）：8-12.

[5] 成实，成玉宁. 从园林城市到公园城市设计：城市生态与形态辩证 [J]. 中国园林，2018，34（12）：41-45.

[6] 免费正版高清照片素材库 [EB/OL]. https://pixabay.com/zh/photos/.

[7] 陶晓丽，陈明星，张文忠，等. 城市公园的类型划分及其与功能的关系分析：以北京市城市公园为例 [J]. 地理研究，2013，32（10）：1964-1976.

[8] 罗俊杰，张月明，曹磊. 社区公园参与式景观改造与运营管理模式探究：以天津风湖公园为例 [J]. 中国园林，2018，34（S2）：122-127.

[9] 黄少南. 场所的记忆：景观设计中的场地精神的延续 [J]. 福建建筑，2011（12）：4.

[10] 诺伯格·舒尔兹. 场所精神：迈向建筑现象学 [M]. 武汉：华中科技大学出版社，2010.

[11] 王琴. 历史文化在城市公园中的表达 [D]. 南京：南京林业大学，2008.

[12] 王莹. 人本主义视角下的城市居住社区户外空间设计 [D]. 上海：上海交通大学，2007.

[13] 黄怡. 整合发展目标建设全龄友好的公园城市 [J]. 先锋，2022（2）：36-39.

[14] 赵鹏，李永红. 归位城市进入生活：城市公园"开放性"的达成 [J]. 中国园林，2005（6）：40-43.

[15] 刘滨谊，张德顺，刘晖，等. 城市绿色基础设施的研究与实践 [J]. 中国园林，2013，29（3）：6-10.

[16] 孙桂先. 深圳香蜜公园开启智慧公园2.0时代 [J]. 中国园林，2018，34（S2）：22-24.

[17] WANG X, WU C. An observational study of park attributes and physical activity in neighborhood parks of Shanghai, China[J/OL]. International journal of environmental research and public health, 2020（6），1-16. doi: 10.3390/ijerph17062080.

[18] KAPLAN S. The restorative benefits of nature: toward an integrative framework[J/OL]. Journal of environmental psychology, 1995（3）: 169-182. doi: 10.1111/j.1467-9280.2008.02225.x.

[19] BERMAN M G, JONIDES J, KAPLAN S. The cognitive benefits of interacting with nature[J]. Psychological Science, 2008（12）: 1207-1212. doi: 10.1111/j.1467-9280.2008.02225.x.

[20] UZUN F V, KELES O. The effects of nature education project on the environmental awareness and behavior[J]. Procedia-social and behavioral sciences, 2012（46）: 2912-2916.

[21] 王巧良, 邓文莉, 包志毅, 等. 基于环境教育理念的城市公园设计应用探究 [J]. 中国园林, 2018, 34（S2）: 119-121.

[22] 闫淑君, 曹辉. 城市公园的自然教育功能及其实现途径 [J]. 中国园林, 2018, 34（5）: 48-51.

[23] 王希阳, 赵迪, 王泽骞. 城市公园自然教育功能实现途径研究: 以北京奥林匹克森林公园为例 [J]. 景观设计, 2021（5）: 10-15.

[24] 黄越. 北京城市绿地鸟类生境规划与营造方法研究 [D]. 北京: 清华大学, 2015.

[25] 黄越, 李淑华. 鸟类对城市公园空间的利用及其对景观设计的启示 [J]. 动感: 生态城市与绿色建筑, 2014（4）: 121-128.

[26] 杨云峰. 城市湿地公园中鸟类栖息地的营建 [J]. 林业科技开发, 2013, 27（6）: 92-93.

[27] 达良俊. 基于本土生物多样性恢复的近自然城市生命地标构建理念及其在上海的实践 [J]. 中国园林, 2021, 37（5）: 20-24.

[28] 北京市园林绿化局. 北京市智慧公园建设指导书 [EB/OL]. (2018-05-18) [2019-12-27]. http://www.beijing.gov.cn/zfxxgk/110038/qtwj22/2018-05/18/content_380ad7e8ca464281baa09a023c207f9f.shtml/2018-05-18.

[29] 张洋, 夏舫, 李长霖. 智慧公园建设框架构建研究: 以北京海淀公园智慧化改造为例 [J]. 风景园林, 2020, 27（5）: 78-87.

[30] 吴承照, 王晓庆, 许东新. 城市公园社会协同管理机制研究 [J]. 中国园林, 2017, 33（2）: 66-70.

[31] 陶峰. 多中心治理与城市公园管理研究 [D]. 上海: 上海交通大学, 2007.

[32] 北京园林学会. 2012北京园林绿化与宜居城市建设 [M]. 北京: 科学技术文献出版社, 2012.

[33] 叶银生. 浅谈深圳公园绿地养护现状及管理新措施 [J]. 城市建设理论研究, 2012（17）: 23-25.

[34] 陈贞, 石超, 于阳, 等. 武汉沙湖公园管理创新初探 [J]. 绿色科技, 2014（11）: 107-109.

[35] 李季梅, 刘霞, 姚晓晖, 等. 国家公园安全事件监测预警现状、挑战与对策: 基于多源信息集成共享的研究 [J]. 科技促进发展, 2018, 14（9）: 849-856.

[36] 王金莲, 胡善风, 刘安平, 等. 黄山风景区旅游气象灾害防御系统探析: 以雷电监测预警系统为例 [J]. 地理科学, 2014, 34（1）: 60-66.

[37] 卢文刚, 蔡裕岚. 城市大型群众性活动应急管理研究: 以上海外滩"12·31"特大踩踏事件为例 [J]. 城市发展研究, 2015, 22（5）: 118-124.

[38] 颜太平. 景区古建筑的火灾预防 [J]. 劳动保护, 2013（2）: 106-107.

[39] 韩晓宇. 基于群智感知的承载力挖掘与旅游突发事件预警系统的研究与实现 [D]. 北京: 北京邮电大学, 2016.

[40] 罗振军, 佟瑞鹏. 旅游景区安全容量分析与事故风险评价 [J]. 中国安全科学学报, 2008, 18（2）: 150-156.

[41] 谢凌姝, 罗靖. 城市公园改造与更新规划的研究与实践: 以成都市百花潭公园规划设计为例 [J]. 四川建筑, 2006（S1）: 41-43.

[42] 顾芳, 曹宏伟, 朱铭莺. 用人文和谐的理念重放老公园的光彩 [J]. 中国园林, 2009, 25（9）: 65-68.

[43] 钱凡. 存量背景下上海城市绿地更新改造设计探究 [J]. 中国园林, 2021, 37（S2）: 41-45.

[44] 刘悦来, 尹科娈, 葛佳佳. 公众参与 协同共享 日臻完善: 上海社区花园系列空间微更新实验 [J]. 西部人居环境学刊, 2018, 33（4）: 8-12.

[45] 廖菁菁, 刘悦来, 冯潇. 公众参与老旧社区微更新的实现途径探索: 以上海杨浦创智片区政立路580弄社区为例 [J]. 风景园林, 2020, 27（10）: 92-98.

图书在版编目（CIP）数据

公园城市建设中的公园品质提升/贾虎，刘颂主编
.—北京：中国城市出版社，2023.8
（新时代公园城市建设探索与实践系列丛书）
ISBN 978-7-5074-3624-2

Ⅰ.①公… Ⅱ.①贾…②刘… Ⅲ.①城市建设—研究—中国 Ⅳ.① F299.21

中国国家版本馆 CIP 数据核字（2023）第 130013 号

丛书策划：李　杰　王香春
责任编辑：李　慧　李　杰
书籍设计：张悟静
责任校对：张　颖

新时代公园城市建设探索与实践系列丛书
公园城市建设中的公园品质提升
贾　虎　刘　颂　主编
*
中国城市出版社出版、发行（北京海淀三里河路 9 号）
各地新华书店、建筑书店经销
北京雅盈中佳图文设计公司制版
建工社（河北）印刷有限公司印刷
*
开本：787 毫米 ×1092 毫米　1/16　印张：$12\frac{3}{4}$　字数：213 千字
2023 年 12 月第一版　2023 年 12 月第一次印刷
定价：130.00 元
ISBN 978-7-5074-3624-2
（904620）

版权所有　翻印必究
如有内容及印装质量问题，请联系本社读者服务中心退换
电话：（010）58337283　QQ：2885381756
（地址：北京海淀三里河路 9 号中国建筑工业出版社 604 室　邮政编码：100037）